KB232922

일본어 보케브러리 I

저자 이윤옥

제이앤씨
Publishing Corporation

신학기부터 <일본어 보케브러리>란 강좌명으로 강의를 맡게 되어 새삼 <보케브러리>의 의미를 새겨보고 있노라니 중·고등학교 시절 <보케브러리 22000> 같은 영어책이 생각난다. 보케브러리하면 으레 영어 한 문장을 써놓고 해석과 관용어 따위에 밑줄이 그어져있던 기억이 새롭다. 이번에 교과과정개편으로 실용일본어에서 <일본어 보케브러리> 과목으로 바뀌고 첫 강의를 맞이하는 입장이고 보니 어떤 교재로 어떻게 접근해야하나 벌써부터 걱정이 앞선다. 오랫동안 교육 현장에서 일본어를 가르쳐오면서 그간 담당해온 과목이 한 두가지가 아니었다. 일본어 작문, 일본어 문법, 일본어 강독, 일본어 청취, 일본어 능력시험, 실용일본어... 하지만 이런 다양한 과목을 담당하면서도 늘 가슴 한켠에서 아쉬웠던 것이 바로 <보케브러리> 즉 어휘 부분이었다. 일본어 기초과정을 마치고 난 학습자들이 가장 곤란을 겪는 부분이 보케브러리 부분이기 때문이다. 일본인을 상대로 대화를 하든, 자기 의사를 글로 쓰든, 각종 일본어 관련 시험을 보든 간에 풍부한 보케브러리 습득은 곧 일본어의 달인이 되는 지름길임을 누구든 부인하지 못할 것이다.

그래서 이번에 『일본어 보케브러리』【Ⅰ】책을 만들게 되었는데 책 내용은 초급 과정을 마친 학습자들이 1주에 두 세시간씩 할애하여 16주 동안 학습할 수 있는 내용으로 구성했으며 무엇보다도 학습자들이 흥미를 끌 수 있는 내용을 고르되 학습자들의 각종 시험용 독해력을 의식해서 주제 역시 각종 시험에 단골테마로 등장하는 저자녀 출산, 고령화, 쓰레기, 교육, 금연, 환경 및 일본사회의 전반적인 시사문제 등에 대한 것들을 골랐다.

어휘력 향상을 위해 어려운 단어에는 토를 달았고 관용어나 문형은 별도로 해석을 해두었으므로 문법 공부하듯이 문장을 해체하지 말고 문장 그대로 여러번 숙독하여 암기하도록 하는 게 어휘공부에 도움이 될 것이다. 또한 어려운 한자 읽기나 1급 시험용 기능어는 별도로 연습할 수 있도록 해두었으며 아울러 각 주제마다 출처가 된 인터넷 주소를 표시해두었으니 각 사이트로 들어가 생생한 일본어 바다 속을 헤엄쳐 부디 학습자들의 어휘력이 크게 향상되기를 바라는 바이다.

2007. 2.

한뫼골에서   저자

| 목 차 |

제 1 편

<table><tr><td>제 1 주</td><td>63세 아저씨 박사 도전기
(おじいちゃんは東大生博士号取得にむかって)」</td></tr></table>

63세에 박사과정에 도전하는 오카모토씨의 이야기는 매우 감동적이다. 세계 최고 장수 국가를 자랑하는 일본이라 그런지 신문 사회면에서 심심치 않게 고령자들의 향학열이 소개되고 있다. 고령의 나이에 오카모토씨 처럼 정규코스를 밟는 경우도 있지만 70, 80세임에도 불구하고 외국어라든지 사진공부, 꽃꽂이, 종이접기, 서예 등등 이른바 평생교육을 받고 있는 일본인들을 주변에서 많이 보아왔다.

나이들어서도 무언가를 끊임없이 추구하고 배우려는 자세를 가진 일본인에 대해 생각해보는 계기가 되었으면 한다.

団塊世代にエールを送る63歳の東大大学院生がいる。55歳で大学の編入試験に挑み、人生の舞台を切り開いた岡本寿郎(おかもと ひさお)さんだ。大学院の面接試験では、「年齢で落とすのはやめてください」と訴えた。自ら「ユニーク」と語る、その半生をつづった著書「おじいちゃんは東大生博士号取得にむかって」(新生出版)が6月初旬に出版される。

岡本さんはこのほど、学生生活を送るために7年間を過ごした府中市を離れ、故郷の和歌山市に帰った。東大大学院博士課程の必要な単位はすべて取り終え、これからは月に1度、東大に通い、博士号の取得に向けた研究を続けるという。

取り組むのは「日系カナダ人の歴史」。かつて和歌山県三尾村(現美浜町)からカナダに移住した人たちを中心に調査を続けている。修士論文を執筆する際には、約1カ月かけてカナダを巡り、聞き取り調査をしたという。

　岡本さんは高校卒業後、和歌山大学の事務官となった。大学受験は18歳、19歳と2年連続で大阪外大を受験したが不合格。大学の事務官に就職し、勤めながら夜間の短大を卒業した。50歳を過ぎて「自分のやりたいこと、能力をいかせるところは別のところにあるのではないか」との思いを募らせるようになった。「自分の生きがいを見つけたい」と考えた末、果たせていない研究と学問への夢が膨らんだ。

　そのためには大学で学ぶことが必要だ。ひとり息子も独立し、妻の晴美さん(64)も背中を押してくれた。55歳のとき、編入試験に挑んだ。

　名古屋大と東京外大に合格。東京外大を選び、夫妻で上京した。卒業後は大学院を受験。東京外大に加え、筑波大と東大の各大学院に合格し、東大に進んだ。

　得意の英語を存分に生かした。「洋画を字幕なしで見たい」と20歳から始めた英語は、英検1級と通訳ガイド試験、国連英検A級に合格するほどの実力。

　さらに東大大学院の面接試験では面接官に向かってこう訴えた。「成績で落ちるのはやむを得ませんが、年齢で落とすのはやめてください」。是が非でも入りたいという気持ちが、そう言わせた。

　そんな生きざまをつづった著書の表紙には、キャンパスを闊歩する岡本さんを描いたイラストが載る。

　岡本さんは大学入学に際して自身に四つの約束を課した。「授業は休まない」「遅刻をしない」「できるだけ前の席で受講する」。そして「年齢を言い訳にしない」だった。

　見守ってきた晴美さんもこの間に放送大学の大学院生になった。「ふたり合わせて127歳の大学院生です」。和歌山では「2歳の孫に会うのが楽しみ」とも。

　岡本さんは「いくつになっても年だからとあきらめることなく、挑戦し続けていくことが高齢者社会を生きる私たちには必要です。夢を持っていれば道が開けることもある」と話している。

【岡本寿郎さんがつづる大学でのエピソード】

(1)　授業料免除申請の窓口で。「申請はご父兄の方ではなく本人が来てください」

(2)　教務係に受講登録に行く。「非常勤講師の方は部屋の中に入って用件を言ってください」

(3)　授業中。他の学生に「おじさん、ここで何をしているの?」。

(4)　スペイン語の授業。「ベサメ・ムーチョ」のテープを流しながら先生がひとこと。「この曲を知っているのは私と、岡本さんだけよね」

(5)　再びスペイン語の授業。訳を黒板に記すように指名されるが、五十肩で腕が上がらず。「先生には絶対に言いたくない。こちらも意地がある。痛さで涙が出そうであった」

<メモ>　文部科学省による2005年度の学校基本調査によると、大学院生の数は約25万4千人で、前年度よりも約1万人増加し過去最高となった。このうち社会人(企業などを退職した人や主婦などを含む)は約4万5千人(前年度比0・9%増)で、全体の17・7%を占めた。入学者を年齢別に見ると、05年度に55歳以上で博士課程に入学した人は278人。そのうち61歳以上は93人だった。

<http://mytown.asahi.com>

新しい文型

~にむかって　　~을 향해

~ために　　　　~을 위하여

~に向けた　　　~을 향하다, 향한, ~위하여

~際には　　　　~할 때는, ~시는

~かけて　　　　~걸쳐서

~こと　　　　　~할 것

~ようになった　~하게 되었다

~た末　　　　　~한 끝에

~やむを得ません/~やむを得ない　　~할 수 없다, 어쩔 수 없다

~是が非でも　　~무슨 일이 있어도 꼭

~に際して　　　~에 앞서서, ~에 처하여, ~에 즈음하여

➡ 団塊世代

일본에서는 1948년 전후로 출생률이 높아져 베이비 붐 세대를 이루었는데, 이들을 단카이(団塊) 세대라 한다. 일본어로 '뭉치, 덩어리'를 뜻하는 단카이 세대는 1948년을 전후한 폭발적인 출생률 증가 때 태어나 1960~70년대의 학생운동을 경험하고 고도성장기에 기업에 입사해 지금은 장년으로 일본 사회를 주도하고 있는 세대이다.

단카이는 모리 요시로(森喜朗) 내각에서 경제기획청 장관을 지내다가 2000년 말의 개각에서 물러난 사카이야 다이치(堺屋太一)의 소설 '단카이의 세대'(1976년)에서 비롯한 말이다.

団塊世代	だんかいせだい	단괴세대	約束	やくそく	약속
編入試験	へんにゅうしけん	편입시험	遅刻	ちこく	지각
面接試験	めんせつしけん	면접시험	年齢	ねんれい	연령
博士号取得	はかせごうしゅとく	박사학위 취득	放送大学	ほうそうだいがく	방송대학
出版される	しゅっぱん	출판되다	挑戦	ちょうせん	도전
故郷	こきょう	고향	高齢者	こうれいしゃ	고령자
博士課程	はかせかてい	박사과정	夢	ゆめ	꿈
修士論文	しゅうしろんぶん	석사논문	授業料	じゅぎょうりょう	수업료
執筆	しっぴつ	집필	免除申請	めんじょしんせい	면제신청
調査	ちょうさ	조사	窓口	まどぐち	창구
高校卒業	こうこうそつぎょう	고교졸업	受講登録	じゅこうとうろく	수험등록
事務官	じむかん	사무관	非常勤講師	ひじょうきんこうし	비상근 강사
大学受験	だいがくじゅけん	대학수험	黒板	こくばん	흑판
就職する	しゅうしょくする	취직하다	指名	しめい	지명
能力	のうりょく	능력	用件	ようけん	용건
研究	けんきゅう	연구	絶対	ぜったい	절대
夫妻	ふさい	부처, 부부	意地	いじ	의지
字幕	じまく	자막	文部科学省	もんぶかがくしょう	문부 과학성
通訳	つうやく	통역	増加	ぞうか	증가
成績	せいせき	성적	退職	たいしょく	퇴직

2 연습용 단어 : 빈칸에 <よみがな >를 써보자.

団塊世代		단괴세대	約束		약속
編入試験		편입시험	遅刻		지각
面接試験		면접시험	年齢		연령
博士号取得		박사학위 취득	放送大学		방송대학
出版される		출판되다	挑戦		도전
故郷		고향	高齢者		고령자
博士課程		박사과정	夢		꿈
修士論文		석사논문	授業料		수업료
執筆		집필	免除申請		면제신청
調査		조사	窓口		창구
高校卒業		고교졸업	受講登録		수험등록
事務官		사무관	非常勤講師		비상근 강사
大学受験		대학수험	黒板		흑판
就職する		취직하다	指名		지명
能力		능력	用件		용건
研究		연구	絶対		절대
夫妻		부처, 부부	意地		의지
字幕		자막	文部科学省		문부 과학성
通訳		통역	増加		증가
成績		성적	退職		퇴직

<table><tr><td>제 2 주</td><td>교육의 내일
(教育の明日)</td></tr></table>

어느 나라든 교육에 대해 자유로운 나라는 없는 것 같다. 일본 역시 교육에 대해 끊임없는 정책과 토론이 쏟아지고 있다. 제2주째 <교육의 내일>에서는 일본의 교육이 어떠한 모습이어야 하는가?라는 테마를 놓고 초대총리인 이토히로부미의 교육관을 들어 교육의 진정한 모습을 모색하고자하는 아사히 신문의 한 칼럼을 소개한다.

「近ごろは模範を守らず、社会のしきたりを損なうものが大勢いる。これは教学の本意ではない。道徳を教え、誠実品行を尊重させるべきだ」

最近の言葉と思われるかもしれないが、そうではない。約130年前の明治12(1879)年、明治天皇が発した「教学聖旨」を現代風の表記に改めたものだ。

維新後の政府によって学校が制度化されてから、7年後のことである。

これに対し、内務卿の伊藤博文は「教育議」を奏上して異議を唱えた。

社会の乱れの大きな原因は、維新後の時代の変化にある。教育のせいだけではない。教育は水がしみ込むようにゆっくりと進めるものだ。「急(きゅう)施(し)紛(ふん)更(こう)以(もっ)て速効を求むべからず」。あわてて教育を変え、速やかな効果を求めてはならない、というのである。

　国が徳目を決めて国民に教え込むことについても、伊藤は反対した。一つの国教をつくって広めるようなことは、賢人や哲人の出現を待つべきだ。政府がやるべきことではない、と。

　伊藤は後に初代総理大臣となる実力者である。しかし、流れには抗しがたかったのだろう。この翌年の教育令改正で、「修身」が教科の筆頭に置かれた。

　その伊藤も、教師への締め付けは強めようとした。教師を規則で束ね、心得を守らせ、生徒の模範たらしめよ。教育議にそう書いている。

　教学聖旨の2年後には、文部省が「小学校教員心得」をつくり、尊応愛国と道徳を教えることを教師に徹底する。

　この明治の時代と、教育基本法の改正が進められた近年はよく似ている。日本教育学会会長を勤めた寺崎昌男・東大名誉教授はそう指摘し、次のように語る。

　「社会に問題が起これば、教育のせいにされ、最後は教師が責任を押しつけられる。明治に起きたことがまた繰り返されるだろうと、私は教師たちに話してきました」

　教育基本法の改正論議では、教師が厳しく批判された。安部首相の肝いりの教育再生会議でも、「ダメ教師」がやり玉に挙げられている。

　教育議から11年後、「教育勅語」が発布された。天皇の神格化が進み、軍部はそれを利用して戦争へ突き進んだ。

　もちろん、歴史は単純に繰り返すわけではない。いまと戦前では、社会のありようがすっかり違う。しかし、「明日」を見通すためには、過去に学ぶべきものも見つけた方がいい。

　その意味では、教育の速効を戒めた伊藤の主張は、現代にも通じそうだ。

　学校の制度をめまぐるしく変えるよりも、じっくりと取り組む。悪いところばかりに目を向けるのではなく、うまくいっている教室に学び、広げていく。今年こそ、そうした発想ができないものか。

×　　　×　　　×

　様々な分野で過去を踏まえ、「明日」のあるべき姿をシリーズで考えたい。

<http://www.asahi.com/paper/column20070103.html>

新しい文型

～べきだ	~해야 할것이다
～かもしれないが	~일지도 모른다
～によって	~에 의해서
～せいだけではない	~탓만은 아니다
～ものだ	~법이다
～求むべからず	~하지 말것, ~해서는 안된다
～べきことではない	~할 일은 아니다
～ようとした	~하려고하다
～せいにされ	~탓으로 삼다
～肝いりの	~주선으로, ~중재로
～やり玉に挙げられている。	공격의 대상이 되다, 비난의 대상이 되다
～わけではない	(반드시) ~것은 아니다, ~것만은 아니다
～べきものも	~해야 할 것
～のではなく	~뿐만아니라

▶ 明治天皇 과 教育勅語

　1867년 16세의 나이로 즉위하여 이듬해 9월 연호를 '메이지[明治]'로 고치고 1세 1원제(一世一元制)를 택하였다. 이에 따라 그의 재위기간을 메이지시대라고 부른다. 1869년 에도[江戸]를 도쿄[東京]로 고치고 도쿠가와 막부[徳川幕府]의 아성이던 에도성[江戸城]을 왕궁으로 정하였다. 최고통치권자로서 천황친정(天皇親政)의 대의명분 아래 왕

정복고를 실현하고 메이지 신정부를 수립하는 메이지유신에 성공하였다.

≪군인칙유(軍人勅諭)≫(1881) ≪일본제국헌법≫(1889) ≪황실전범(皇室典範)≫(1889)의 제정과 ≪교육칙어(敎育勅語)≫(1890)의 발표 등 일련의 과정을 통하여 메이지를 중심으로 하는 절대주의적 천황제국가를 완성시켜 나갔다. 특히, 제국헌법에서도 왕의 국가통치 대권·육해군 통수권을 명기하였고, 교육칙어에서는 왕이 국민도덕의 중심임을 밝힘으로써 천황제국가를 유지하는 2대 이념으로 삼았다. 그리고 청일·러일 전쟁의 승리는 왕에 대한 국민의 숭앙(崇仰)을 더욱 절대적인 것으로 하였다.

教育	きょういく	교육	変化	へんか	변화
明日	あす、あした	내일	速効	そっこう	속효
模範	もはん	모범	効果	こうか	효과
大勢	おおぜい	많은사람	徳目	とくもく	덕목
本意	ほんい	본의	国民	こくみん	국민
道徳	どうとく	도덕	反対	はんたい	반대
誠実品行	せいじつひんこう	성실품행	賢人	けんじん	현인
尊重	そんちょう	존중	哲人	てつじん	철인
最近	さいきん	최근	出現	しゅつげん	출현
言葉	ことば	말, 언어	初代総理	しょだいそうり	초대총리
明治天皇	めいじてんのう	명치천황	大臣	だいじん	대신, 장관
現代風	げんだいふう	현대풍	実力者	じつりょくしゃ	실력자
表記	ひょうき	표기	翌年	よくとし	이듬해
維新後	いしんご	유신후	規則	きそく	규칙
政府	せいふ	정부	心得	こころえ	마음가짐
制度化	せいどか	제도화	徹底	てってい	철저
奏上	そうじょう	봉상, 헌상	改正	かいせい	개정
異議	いぎ	이의	名誉教授	めいよきょうじゅ	명예교수
原因	げんいん	원인	単純	たんじゅん	단순
時代	じだい	시대	発想	はっそう	발상

2 연습용 단어 : 빈칸에 <よみがな>를 써보자.

		교육	変化		변화
教育		교육	変化		변화
明日		내일	速効		속효
模範		모범	効果		효과
大勢		많은 사람	徳目		덕목
本意		본의	国民		국민
道徳		도덕	反対		반대
誠実品行		성실품행	賢人		현인
尊重		존중	哲人		철인
最近		최근	出現		출현
言葉		말, 언어	初代総理		초대총리
明治天皇		명치천황	大臣		대신, 장관
現代風		현대풍	実力者		실력자
表記		표기	翌年		이듬해
維新後		유신후	規則		규칙
政府		정부	心得		마음가짐
制度化		제도화	徹底		철저
奏上		봉상, 헌상	改正		개정
異議		이의	名誉教授		명예교수
原因		원인	単純		단순
時代		시대	発想		발상

MEMO NOTE

제3주

라면창시자 별세
(インスタントラーメンの生みの親、5日亡くなった)

　인스턴트라면의 창시자인 日清食品의 창업자인 안도모모후쿠씨(安藤百福)가 96세를 일기로 사망했다. 1958년 [치킨라면]의 상품화에 성공한 이후 잇달아 개발한 [컵라면]은 전세계에서 힛트상품이 되어 [라면왕]으로도 불리기도한 안도씨는 만년에 세계최초로 우주식 라면을 스페이스 셔틀에 탑승시켰고, 오사카에 [인스턴트라면 발명기념관]을 세우기도 했다. 안도씨는 심장질환으로 쓰러지기 직전까지 日清食品 시무식에 참석할 정도로 회사일에 열성적이었다고 한다.

<2007.1.6　産経新聞>

　インスタントラーメン(即席めん)の生みの親で、5日亡くなった日清食品創業者会長、安藤百福さんが晩年に意欲を燃やしていたのは、平成20年に大阪で「世界ラーメンサミット」を開くことだった。「世界では今も飢えに苦しんでいる人は多い。インスタントラーメンで貢献したい」。即席めん誕生の地の大阪でサミットを開くねらいを、こう語り、被災地などに非常食を送る「災害援助ラーメン基金」の創設を目指していた。

　内外のメーカー関係者が即席めんの品質向上や消費拡大を話し合うラーメンサミットは、安藤さんが会長を勤めた世界ラーメン協会の主催。平成9年の東京を皮切りにバリ、バンコク、上海、ソウルで開催されたが、大阪は今回が初めてとなる。チキンラーメンが生まれた大阪府池田市を会場に予定している。

　協会は、3年前のインド洋大津波や一昨年の米国の超大型ハリケーンなど世界で大規模災害や戦乱が起きるたびに非常食として即席めんを送っている。「災害援助ラーメン基金」はこの活動を組織化するもので、大阪サミットでの創設を目指して準備している。

　「食足世平」(食足りて世は平らか)−。終戦直後の食糧難を経験した安藤さんの原点は、日清食品の企業理念ともなっているこの言葉だ。

　日清食品は、昭和46年に発売したカップめん「カップヌードル」で世界市場に本格進出する。米国への視察旅行で安藤さんが、アメリカ人が即席めんを紙コップに入れてお湯をかけ、フォークで食べている姿を目撃したことがカップめんを考案するきっかけとなったのは有名なエピソードだ。カップめんの登場後、即席めんは世界中の食卓に並ぶようになる。

　即席めんは宇宙にも飛び出した。日清食品が、宇宙開発事業団(現宇宙航空研究開発機構)と共同で宇宙食用の「スペース・ラム」を開発。無重力空間でもスープが飛び散らないような工夫がされ、2005年に宇宙飛行士野口総一さんがスペースシャトルに搭乗した際に味わった。

　一昨年の世界の即席めん消費量は857億食(世界ラーメン協会調べ)。世界中で1人当り13食を食べた計算だ。国別の需要でみると中国・香港は442億食、インドネシアは124億食と54億食の日本をすでに追い抜いている。米国は39億食、韓国は34億食。即席めんは「世界食」になったといえそうだ。

　中国ではさらに需要が伸びており、昨年8月、大阪でのサミット開催を発表した記者会見で安藤さんは「(世界需要が)従来の見通しより1年早い2009年には1000億食の大台を越えそうだ」と期待を示していた。

　即席めんの普及にかけた半生。サミットはその集大成になると考えていたのかもしれない。

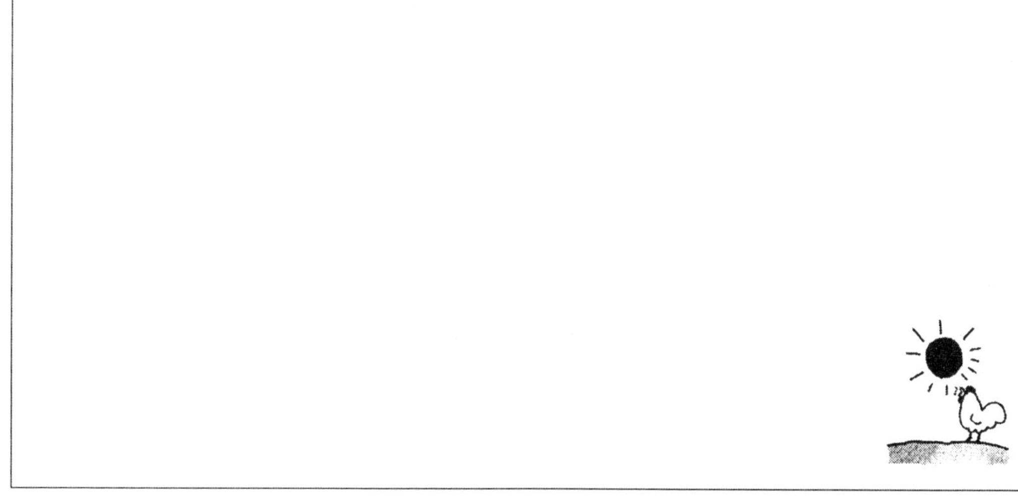

~を皮切りに　　　　~을 시작으로

~たびに　　　　　　~할때마다, ~할때는 언제나

~として　　　　　　~로써

~きっかけとなった　~계기가 되었다

~ようになる　　　　~하게 된다, ~하게 되다

~ないような、~ないように　~하지 않는, ~하지 않게

▶ 大正天皇

　메이지[明治] 일본 왕의 셋째아들로 태어났으며, 2명의 형이 모두 죽자 1889년에 왕세자가 되었다. 생후부터 앓은 뇌막염이 완치되지 않아 1919년 제1차 세계대전 후 열린 의회 개회식 참석을 취소하였으며, 마침내 1921년 장남 히로히토[裕仁]를 섭정에 임명하고 실질적인 정무에서 물러났다. 재위기간 중 대내적으로 의회운영이 점차 활발해지고 선거권이 확대되었으며, 영국과 미국에 협력하는 외교정책을 전개하였다. 한국에 대해서는 조선총독을 세워 토지조사사업을 벌여 한국에 경제적인 수탈을 강행하였으며, 3·1독립 운동을 무력으로 억눌렀다.

▶ 昭和時代·昭和天皇

　칭호 미치노미야[迪宮]이고, 다이쇼[大正] 일본 왕의 장자이며, 1916년 입태자의 의식, 1919년 성년의 예식을 거쳐, 1921년 다이쇼 일본 왕의 섭정이 되었고, 1924년 나가코 왕녀[良子王女]와 결혼, 1926년 12월 왕위에 올랐다.

　중일전쟁에 이어 제2차 세계대전 등 일본의 팽창주의 역사를 체험하였고, 1946년 아라히토가미[現人神]로서의 신격(神格)을 부정하는 '인간선언'을 발표하여 일본국 헌법제정과 함께 상징적인 국가원수가 되었다. 생물학을 연구하여 ≪사가미만[相模湾] 후새류도보(後鰓類図譜)≫ ≪나스[那須]의 식물≫ 등을 저술하였다.

産経新聞	さんけいしんぶん	산경신문	大規模	だいきぼ	대규모
創業者	そうぎょうしゃ	창업자	活動	かつどう	활동
晩年	ばんねん	만년	組織化	そしきか	조직화
意欲	いよく	의욕	準備	じゅんび	준비
貢献	こうけん	공헌	終戦直後	しゅうせんちょくご	종전직후
即席	そくせき	즉석	食糧難	しょくりょうなん	식량난
誕生	かんじょう	탄생	経験	けいけん	경험
被災地	ひさいち	피재지, 피해지	原点	げんてん	원점
非常食	ひじょうしょく	비상식	企業理念	きぎょうりねん	기업이념
災害援助	さいがいえんじょ	재해원조	発売	はつばい	발매
基金	ききん	기금	本格進出	ほんかくしんしゅつ	본격진출
創設	そうせつ	창설	米国	べいこく	미국
品質向上	ひんしつこうじょう	품질향상	視察旅行	しさつりょこう	시찰여행
消費拡大	しょうひかくだい	소비확대	目撃	もくげき	목격
会長	かいちょう	회장	考案	こうあん	고안
協会	きょうかい	협회	宇宙	うちゅう	우주
主催	しゅさい	주최	共同	きょうどう	공동
開催	かいさい	개최	無重力	むじゅうりょく	무중력
予定	よてい	예정	搭乗	とうじょう	탑승
大津波	おおつなみ	큰 해일	需要	じゅよう	수요

2 연습용 단어 : 빈칸에 <よみがな>를 써보자.

産経新聞		산경신문	大規模		대규모
創業者		창업자	活動		활동
晩年		만년	組織化		조직화
意欲		의욕	準備		준비
貢献		공헌	終戦直後		종전직후
即席		즉석	食糧難		식량난
誕生		탄생	経験		경험
被災地		피재지, 피해지	原点		원점
非常食		비상식	企業理念		기업이념
災害援助		재해원조	発売		발매
基金		기금	本格進出		본격진출
創設		창설	米国		미국
品質向上		품질향상	視察旅行		시찰여행
消費拡大		소비확대	目撃		목격
会長		회장	考案		고안
協会		협회	宇宙		우주
主催		주최	共同		공동
開催		개최	無重力		무중력
予定		예정	搭乗		탑승
大津波		큰 해일	需要		수요

MEMO NOTE

<table><tr><td>제 4 주</td><td>길거리 흡연금지 (홍콩 · 나고야)
(公共スペースでの喫煙を禁止)</td></tr></table>

세계가 점점 금연바람이 불고 있다. 애연가들 입장에서는 점점 설자리를 잃어가고 있어 안됐지만 지나친 흡연은 술과 함께 건강에 좋지 않다고 하니 이참에 담배를 아예 끊어 보는 것은 어떨른지... 홍콩과 나고야에서는 2007년 새해 벽두부터 길거리 금연을 선언하고 있다.

1) 香港

香港で1日からレストランなどの公共スペースでの喫煙を禁止する条例が施行された。違反者は5000香港ドル(約7万5000円)を科されることになり、街中でこっそりと吸う喫煙者への厳しい目が広がりそうだ。香港に買い物に出かける日本人には要注意だ。

この条例は、サービス産業で働く約20万人を副流煙による健康被害から守るのが狙いという。

禁煙となったのは、海水浴場や1200カ所の公園だけでなく、レストラン、バー、カラオケ、学校、病院、オフィスビルなどの屋内公共スペース。"執行猶予"されるのは、サウナや麻雀店、マッサージ店で、2009年7月から禁煙となる。

施行当日の元旦には、2145人に巡回の当局者から「注意」が与えられた。人口700

万人のうち80万-90万人とされる香港の喫煙者は我慢できなくなった場合、「喫煙マップ」を頼りに喫煙場所を探し回ることになりそうだ。当局は、公園など市内255カ所に指定の喫煙場所を設置したという。

「空気が良くなった」という賛成派に対し、「タバコ税を払っているのに納得できない」
「(レストランでの)売り上げに心配だ」などの声も出ている。

一方、広東省広州では、1日から庶民の足でもあるオートバイの走行が市街地で禁止された。中国紙によると、広州でのオートバイ台数は97年段階ですでに40万台を超えている。

オートバイによる交通事故、交通秩序混乱、ひったくりが増加したことなどが理由。昨年11月の新規車両(車)登記件数は前年同月比88％増の1万7530件に達した。オートバイ禁止で車への乗り換えが増加したようだ。

2) 名古屋

名古屋タクシー協会は、同市内と近郊の営業車のほぼ全数にあたる約8000台を、今年5月から全面禁煙にする方針を決めた。喫煙可能な車との混在を一掃するとともに運転手の受動喫煙を防ごうと、加盟法人の大半が合意した。大都市圏でのタクシーの全面禁煙化は初めてという。

同協会には名古屋地区の102社、3協同組合が加盟。「たばこのにおいのない車に乗りたい」「妊婦や赤ちゃんのために禁煙を」といった利用者からの苦情や要望を重視。運転手らへの健康影響にも配慮し、車内禁煙を検討してきた。

　同地区ではすでに禁煙車を導入している大手、個人タクシーもあり、5社で80台が屋根やドアにマーク表示し、中部運輸局の許可を受けて運行している。また、大半の会社が空車中も運転手に車内での喫煙を禁じている。

　公共の場での禁煙が広がる中で、同協会は「喫煙車と混在すると利用者が戸惑い、運転手側も客に喫煙を断りにくい」とし、一斉禁煙を決めた。

　ただ、2005年3月から路上喫煙が禁止された名古屋市内の4地区(名古屋、栄、金山、藤が丘各駅周辺)では、「路上では吸えないから」という理由でタクシーに乗り込む愛煙家も目立っており、利用者への主知が今後の課題となる。

　同協会は「公共交通機関としてのタクシー業界の決意を、愛煙家の利用者にもぜひ理解してもらいたい」と話している。

<http://ja.wikipedia.org/wiki>

新しい文型

～だけでなく	~뿐만 아니라
～に対し	~에 대하여
～による	~에 의한
～に達した、～達する	~달했다, ~에 달하다
～たようだ	~던 것 같다
～とともに	~와 함께
～としての	~으로서의

▶ 名古屋

이세만[伊勢湾]에 면해 있으며, 동고서저(東高西低)로 동부의 대지와 서부의 충적지, 남부의 간척지 위에 펼쳐져 있다. 기후는 온화하여 여름(8월)에 26.6℃, 겨울(1월)에 2.9℃이고, 연평균강수량은 1,535mm이다.

17세기 초에 일본을 통일한 도쿠가와 이에야스[德川家康]가 나고야성(城)을 축조하고, 아홉번째 아들을 성주로 봉한 뒤 대영주(大領主)의 거성(居城)을 중심으로 발달한 도시이다. 메이지유신[明治維新] 이후 현청소재지가 되었다. 제2차 세계대전 때 시가지가 소실되었으나 전후 도시계획에 의해 근대 도시로 재건되어, 오늘날 일본 혼슈[本州] 중부권의 중심도시가 되었다.

메이지유신 이전부터 면직물·도자기의 집산지로 상업이 크게 발전하였으며, 공업은 제2차 세계대전 때에는 항공기 중심의 군수산업(방위산업)이 발전하였고, 전후에는 6·25전쟁의 특수경기(特需景気)에 힘입어 철강·비철금속·화학 공업과 조립공업(組立工業) 등이 크게 발달하였다. 중화학공업 제품이 전체 공업 생산량의 61%를 차지하며, 그 밖에 섬유·도자기·목재·식품 등의 공업이 활발하게 이루어지고 있다.

중부지방의 행정·산업·문화·교통의 중심지로, 연간 2,300만 명의 관광객이 찾는 관광도시이기도 하다. 교통은 도카이도본센[東海道本線]·신칸센[新幹線]이 통하고, 나고야항은 요코하마[橫兵]·고베[神戸]에 이은 국제무역항이다.

香港	ほんこん	홍콩	指定	してい	지정
公共	こうきょう	공공	設置	せっち	설치
喫煙	きつえん	끽연	空気	くうき	공기
禁止	きんし	금지	賛成派	さんせいは	찬성파
条例	じょうれい	조례	納得	なっとく	납득
施行	しこう	시행	心配	しんぱい	걱정
違反者	いはんしゃ	위반자	庶民	しょみん	서민
要注意	ようちゅうい	요주의	走行	そうこう	주행
産業	さんぎょう	산업	市街地	しがいち	시가지
健康被害	けんこうひがい	건강피해	交通事故	こうつうじこ	교통사고
海水浴場	かいすいよくじょう	해수욕장	秩序混乱	ちつじょこんらん	질서곤란
公園	こうえん	공원	増加	ぞうか	증가
病院	びょういん	병원	新規車両	しんきしゃりょう	신규차량
屋内	おくない	옥내	運転手	うんてんしゅ	운전수
執行猶予	しっこうゆうよ	집행유예	協同組合	きょうどうくみあい	협동조합
元旦	がんたん	원단	妊婦	にんぷ	임부
巡回	じゅんかい	순회	要望	ようぼう	요망
当局者	とうきょくしゃ	당국자	配慮	はいりょ	배려
人口	じんこう	인구	検討	けんとう	검토
我慢	がまん	참음	愛煙家	あいえんか	애연가

香港		홍콩	指定		지정
公共		공공	設置		설치
喫煙		끽연	空気		공기
禁止		금지	賛成派		찬성파
条例		조례	納得		납득
施行		시행	心配		걱정
違反者		위반자	庶民		서민
要注意		요주의	走行		주행
産業		산업	市街地		시가지
健康被害		건강피해	交通事故		교통사고
海水浴場		해수욕장	秩序混乱		질서곤란
公園		공원	増加		증가
病院		병원	新規車両		신규차량
屋内		옥내	運転手		운전수
執行猶予		집행유예	協同組合		협동조합
元旦		원단	妊婦		임부
巡回		순회	要望		요망
当局者		당국자	配慮		배려
人口		인구	検討		검토
我慢		참음	愛煙家		애연가

나리타 이혼
(成田離婚)

나리타(成田)는 하네다(羽田)공항과 함께 일본 도쿄로 들어가는 주요 공항이다.

하네다를 김포공항에 견준다면 나리타 공항은 인천공항쯤으로 생각하면 무방하다. 공항이름이 붙은 나리타이혼이란 신혼부부가 해외여행 길에서 돌아오자마자 갈라서 버린데서 유래하는데 통상 그만큼 서둘러 이혼하는 것을 가르키기도 한다.

成田離婚とは、結婚したての男女が新婚旅行を期に離婚してしまうこと。

成田空港から新婚旅行に出発した、あるいはしようとしたカップルが、空港内及び旅行中に、些細なトラブルからお互いの関係が狂い、もしくは結婚生活が相手と成立するのかを考え直し、出発直前または帰国後に離婚してしまうことをいう。とりわけ女性側から三行半を突きつける場合に多く用いられるが、男性側から離婚を突きつける場合もある。

主なトラブルとしては、

- パスポート忘れによる口論
- 飛行機の乗り遅れによる口論
- 荷物の紛失による口論
- 行き違いによるケンカ・口論

・どちらか一方、または両方が外国語を話せないことから起こる口論など些細ななことが多い。

　成田離婚はバブル経済期に有名になった。当時は経済力をつけた未婚女性が外国旅行を楽しむ機会が多くなった一方で、企業戦士であることを社会的に要請され続けた男性はそのような経験が少ない傾向があったため、国内で立派に見えた夫が言葉の通じない外国でその場に合った適切な対応ができなかったことを皮切りに口論・離婚に至ったというパターンが有名であるが、事例によって千差万別である。

<테레비드라마화 되었던 나리타이혼에 대하여>

1) 제목 : 成田離婚

　成田離婚(なりたりこん)とは、フジテレビ系列で1997年10月15日から12月17日に放送されたテレビドラマである。全10回。放送時間は水曜日21:00～21:54(JST)。なお、最終話放送時間は水曜日21:00～22:09(JSP)。平均視聴率は18.6%。

2) 줄거리

　クリスマスの夜、田中夕子は失恋したが、同じ会社の星野一朗と出会い、恋におちた。2人は挙式を済ませ、新婚旅行へ出発した。旅行中の一朗の態度に我慢し続けた夕子であったが、ついに帰国後の成田空港で不満が爆発した。口論の末、2人は離婚を決意したのだが…。

3) 각 회 내용

第1話　「これから結婚するあなたへ」　21.5%

第2話　「君が見せた初めての涙」　18.6%

第3話　「夫の浮気と最後のディナー」　18.6%

第4話　「離婚成立」　19.2%

第5話　「新しい恋」　17.6%

第6話　「別々の道」　16.5%

第7話　「君のためにできること」　19.9%

第8話　「素直になれなくて」　19.3%

第9話　「最後の夜…言い出せなくて」　16.0%

最終話　「これから結婚するあなたへ」　19.1%

<http://ja.wikipedia.org/wiki/>

新しい文型

～たて	～갓 ～하다,
	結婚したて 갓 결혼한 / 焼きたて 갓 구운빵 / 塗りたて 갓 칠한
～を期に	～을 계기로
～てしまう	～해버리다
～直し	다시 ～하다 / やり直し 다시 하다 / 書き直し 다시 쓰다 /
	考え直し 다시 생각하다
～による	～에 의한
～に至った	～에 이른, 이르렀다 ～に至る ～에 이르다
～によって	～에 의해
～を済ませる	～을 마치다
～の末	～끝에 ～た末 ～한 끝에 / 口論の末 입씨름 끝에

➡ 成田国際空港

일본 혼슈[本州] 지바현[千葉県] 나리타[成田]에 있는 국제공항.

도쿄 중심가에서 북동쪽으로 60㎞ 떨어진 곳에 있다. 약어는 NRT이다. 하네다공항의 과밀화 해결책으로 1966년 착공하여 1977년 제1기 공사를 끝내고 1978년 5월 개항하였다. 1997년에는 한국공항공단과 자매결연을 체결하였다. 1998년 11월 하네다공항과의 직통 전철이 개통되었다. 하네다공항은 국내선 전용, 나리타공항은 국제선 전용으로 활용되고 있다. 신도쿄국제공항이라고도 한다.

공항 면적은 1065만㎡이다. 활주로는 4,000m×60m와 2,500m×60m 크기의 2개소가 있다. 유도로는 길이 15.9㎞, 표준 폭 30m이다. 계류장은 면적이 215만㎡이며 항공기 112대가 동시에 머무를 수 있다. 또한 주차장은 27만 1100㎡로 9,000대가 주차할 수

있는 규모이다. 여객 터미널은 3동(47만 9700㎡)으로 연간 2300만 명을 수용할 수 있
으며 화물 터미널은 면적이 31만 1300㎡이다. 관제탑의 높이는 87.3m이다.

　1997년 기준으로 항공기 운항 횟수는 연간 12만 5873회이며, 여객 수는 2566만
7577명이고, 화물 수송량은 173만 8795톤이다. 취항 항공사는 38개국 51개사이며, 국내
외 총 98개 도시로 취항하고 있다.

　여객 편의 시설로는 비즈니스센터와 특별대합실, 샤워룸 및 수면실, 수유실 및 놀이터
등이 있다. 공항으로의 접근 방법은 공항 구내까지 연결되는 철도와 리무진버스가 있다.
공항은 1966년 설립된 나리타공항공단(Narita Airport Authority)에서 관리 및 운영하
고 있다.

離婚	りこん	이혼	適切	てきせつ	적절
結婚	けっこん	결혼	対応	たいおう	대응
男女	だんじょ	남여	千差万別	せんさばんべつ	천차만별
新婚旅行	しんこんりょこう	신혼여행	放送	ほうそう	방송
空港	くうこう	공항	最終	さいしゅう	최종
関係	かんけい	관계	平均	へいきん	평균
新婚生活	しんこんせいかつ	신혼생활	視聴率	しちょうりつ	시청률
帰国	きこく	귀국	失恋	しつれん	실연
女性側	じょせいがわ	여성측	態度	たいど	태도
男性側	だんせいがわ	남성측	不満	ふまん	불만
飛行機	ひこうき	비행기	爆発	ばくはつ	폭발
荷物	にもつ	짐	決意	けつい	결의
紛失	ふんしつ	분실	涙	なみだ	눈물
経済	けいざい	경제	最後	さいご	최후
未婚女性	みこんじょせい	미혼여성	浮気	うわき	바람기
外国旅行	がいこくりょこう	외국여행	愛	あい	사랑
機会	きかい	기회	素直だ	すなおだ	순진하다
企業戦士	きぎょうせんし	기업전사	両方	りょうほう	양쪽
要請	ようせい	요청	出発直前	しゅっぱつちょくぜん	출발직전
傾向	けいこう	경향	些細な	ささいな	사소한

2 연습용 단어 : 빈칸에 <よみがな>를 써보자.

離婚		이혼	適切		적절
結婚		결혼	対応		대응
男女		남녀	千差万別		천차만별
新婚旅行		신혼여행	放送		방송
空港		공항	最終		최종
関係		관계	平均		평균
新婚生活		신혼생활	視聴率		시청률
帰国		귀국	失恋		실연
女性側		여성측	態度		태도
男性側		남성측	不満		불만
飛行機		비행기	爆発		폭발
荷物		짐	決意		결의
紛失		분실	涙		눈물
経済		경제	最後		최후
未婚女性		미혼여성	浮気		바람기
外国旅行		외국여행	愛		사랑
機会		기회	素直だ		순진하다
企業戦士		기업전사	両方		양쪽
要請		요청	出発直前		출발직전
傾向		경향	些細な		사소한

MEMO NOTE

저자녀 출산과 고령화
(少子化社会・高齢化)

결혼 연령이 늦어지는데다가 자녀를 적게 낳는 이른바 저자녀 출산으로 인해 인구감소에 대한 우려의 목소리가 점점 커지고 있다. 반면 고령인구는 늘어가고 있어 또 다른 사회문제를 낳고 있다. 일본의 저자녀출산과 고령화 사회에 대한 담론을 들어보자.

去年の7月から内閣府に移動し、少子化社会対策に関する業務を担当している。12月には、少子化に関する初めての白書、「平成16年版少子化社会白書」を作成し、少子化の進展による人口減少社会の到来や、経済成長、社会保障に対する少子化の影響などを論じた。年末には、新エンゼルプランに代わる「子ども・子育て応援プラン」策定の取りまとめを行った。

本年1月になって、全国紙はいずれも「人口減少社会」あるいは「少子社会」をテーマにした連載記事を掲載している。来年(2006年)をピークに日本の総人口が減少に転じる、出生数の減少や出生率の低下傾向が続いている、こうした状況で、果たして日本社会はどうなるのだろうか、という問題意識である。今や、少子化問題は、最もホットな話題となっている。

1970年代から最近までは、高齢化問題が、社会のありように関する大きな問題であった。高齢者に対する年金、医療、介護などをめぐってさまざまな議論が行われ、日本の社会保障政策の多くが、高齢化問題への対応策として展開されてきた。その結果、高齢化対策についてみれば、わが国が西欧諸国よりも後塵を拝している、というかつて良く聞かれた議論はなくなった。

一方、少子化対策については、1994年のエンゼルプラン策定を契機に、政府としての取組が始まった。高齢化対策と比較すると歴史は新しいが、既に10年を経過している。それにもかかわらず、出生率の低下傾向には歯止めがかからない。これまでの政府の少子化対策は効果がなかったのではないか、もっと有効な方策はないのか、という声が大きくなっている。

社会の中で高齢者人口が増大し、高齢者の割合が高くなるという「高齢化」と、出生率が低下し、子どもの割合が小さくなるという「少子化」は、社会現象としてはコインの表と裏のような関係にあるが、対策の立案という観点にたつと、どうも様相が異なる。どういった点で違っているのだろうか。

第一に、高齢化問題は、稼得能力を失った、病弱な高齢者を社会でどう支えるのか、ということで「誰でも見える問題」であるが、少子化問題は、これから生まれてくる子ども達にかかわるもので、「なかなかはっきりとは見えてこない問題」である。

第二に、高齢化問題は「誰に対しても訪れる問題」であるが、少子化問題は、過半の人々にとっては「過ぎ去った問題」であり、避けてとおることも可能な問題である。

こうした点から、高齢化問題とは異なり、少子化問題は、これまで社会全体で対応していかなければならないという盛り上がりに欠けていたのではないだろうか。さらに、少子化対策の立案にあたる場合には、将来社会に対する想像力と、将来世代に対する思いやりが必要な気がする。

　しかし、日本は、高齢化問題への対応では、介護保険をはじめ、今や世界を先導するくらいにきめ細かく対応してきたのであり、高齢化問題への対応で成功した経験とエネルギーを少子化問題にぶつけていけば、必ずや新たな展望が開けるのではないだろうか。

<「年金時代」2005年2月号>

新しい文型

~関する　　　　　　　~에 관한

~に対する　　　　　　~애 대한

~に代わる　　　　　　~대신하여

~巣たして、~は どうなるのだろうか　　과연 ~은 어찌 될 것인가?

~をめぐって　　　　　~을 둘러싸고

~を契機に　　　　　　~을 계기로

~については　　　　　~에 대해서는

~にもかかわらず　　　~에도 불구하고

~にとっては　　　　　~에 있어서는

~なければならない　~하지 않으면 안된다.

~をはじめ　　　　　　~을 비롯하여

▶ 인구문제와 고령화, 저자녀 출산에 관련된 일본 사이트를 통해 더욱 풍부한
어휘를 습득하도록 하자. 참고 사이트는 다음과 같다.

◆ 国立社会保障・人口問題研究所
http://www.ipss.go.jp/
◆ 少子化情報ホームページ
http://www.1.ipess.co.jp/
◆ 都道府県別人口動態統計100年の動向
http://www1.mhlw.go.jp/toukei/kjd100_8/index.html
◆ 平成12年人口動態統計の年間推計
http://www1.mhlw.go.jp/toukei/12nensui_8/index.html

高齢化	こうれいか	고령화	政策	せいさく	정책
去年	きょねん	작년	西欧諸国	せいおうしょこく	서구제국
移動	いどう	이동	契機	けいき	계기
対策	たいさく	대책	政府	せいふ	정부
業務	ぎょうむ	업무	比較	ひかく	비교
担当	たんとう	담당	歴史	れきし	역사
進展	しんてん	진전	経過	けいか	경과
減少	げんしょう	감소	有効な	ゆうこうな	유효한
経済成長	けいざいせいちょう	경제성장	社会現象	しゃかいげんそう	사회현상
社会保障	しゃかいほしょう	사회보장	立案	りつあん	입안
影響	えいきょう	영향	観点	かんてん	관점
応援	おうえん	응원	様相	ようそう	양상
連載記事	れんさいきじ	연재기사	病弱	びょうじゃく	병약
総人口	そうじんこう	총인구	過半	かはん	과반
出生率	しゅっせいりつ	출생률	展望	てんぼう	전망
状況	じょうきょう	상황	将来	しょうらい	장래
年金	ねんきん	연금	想像力	そうぞうりょく	상상력
医療	いりょう	의료	必要	ひつよう	필요
介護	かいご	개호	介護保険	かいごほけん	개호보험
議論	ぎろん	의논	先導する	せんどうする	선도하다

2 연습용 단어 : 빈칸에 <よみがな>를 써보자.

高齢化		고령화	政策		정책
去年		작년	西欧諸国		서구제국
移動		이동	契機		계기
対策		대책	政府		정부
業務		업무	比較		비교
担当		담당	歴史		역사
進展		진전	経過		경과
減少		감소	有効な		유효한
経済成長		경제성장	社会現象		사회현상
社会保障		사회보장	立案		입안
影響		영향	観点		관점
応援		응원	様相		양상
連載記事		연재기사	病弱		병약
総人口		총인구	過半		과반
出生率		출생률	展望		전망
状況		상황	将来		장래
年金		연금	想像力		상상력
医療		의료	必要		필요
介護		개호	介護保険		개호보험
議論		의논	先導する		선도하다

쓰레기 몸살
(ゴミが減量_{げんりょう}されるように願っています)

어느 나라건 쓰레기 문제로 골머리를 앓고 있다. 적게 쓰고 적게 버리면 그만이겠지만 공산품은 물론이고 호박하나, 파 한 단까지 전부 포장해서 팔리고 있는 시대이다 보니 부득불 쓰레기 량도 무시할 수 없다. 일본 역시 1회용 포장의 천국이다.

그렇담 1회용 시대에 소비자들은 쓰레기를 어떻게 처리하나. 한 일본인의 일기를 통해 한번 살펴보자.

「ああ!またこんなに増えちゃった!」毎週1度の不燃ゴミの日に、弁当やサラダのパック等をまとめながら、溜め息が出てしまうのです。

私は仕事の関係で弁当やサラダを買って帰宅する事が多いので、不燃ゴミが増えてしまうのです。手作りで料理を作れば、可燃ゴミが増える、ゴミとは縁の切れない生活をしています。不燃ゴミになるパックが土帰るタイプの物になる日が早く来る事を、心から願っています。

ところで皆さんはお店で買い物するとき、お箸やスプーンはどうされていますか?私は家で食べる時は自前の物で食べるので、買う時にお断りしています。家には使わなかった割り箸がたくさんあり、お客様がたくさん来ても大丈夫な量があります。だから私一人が控えても微々たる物で、森林伐採を止めるさせる事はできないかもしれませんが、無駄なゴミを出さないようにする工夫の一つと実践しています。

以前から肩にかけられる袋を持ち歩き、買い物した荷物を入れています。その方

が手が空くので楽な事と、不要なビニール袋をもらわずにすむからです。友達から
ラブラドールの絵がプリントされた綿の丈夫な袋をいただいてから、そのフクロが
カワイイので、持っていても違和感があまりないようで、まめに持ち歩き、不要な
ビニールの袋をお断りしています。「これに入れます。そのビニールの袋はもった
いないから他に使ってください」と言うと、殆んどの方が笑って分かってください
ます。

　ただ、大好きなパンをたくさん買った時は、説明しても綺麗で丈夫なパン屋さん
の袋に入って出てきます。衛生面の関係があるのでしょうか。その結果丈夫なパン
屋さんの袋が増えてしまいます。それらはまとめておいて、知り合いが出店してい
るバザー開場等に持参し、売れた品物を入れてもらうのに使っていただいていま
す。綺麗に保存して置くと、色が綺麗だから良いと喜ばれます。デモ、本来バザー
で持ち帰りようの袋が必要になるなんて、ちょっとへんな気がします。

　普段はエコバッグを持ち歩いても気にならない服装ですが、おしゃれをしたい時
に助かるのが、某楽器店のCDショップの綺麗で丈夫な紙袋です。持ち手のひもが
長いので、手や腕にかけるのに楽なのです。そのために、メンバーズカードを作っ
て、CDはそこでしか買わないと言う話があります。品揃えが良い事が本来の理由
なのですが(笑)

　最近、手触りで普通のビニールと炭素カルシウム(炭カル)とが分かるようになり
ました。炭カルの袋は、可燃ゴミを入れて出せるので、分けてしまってあります。
私が出かけるデパートの多くがこの袋を使ってくださるのが大変嬉しいです。

　私の所には点字の雑誌や手紙類が届きます。雑誌は一般の物のように点字印刷さ
れています。印刷方法は、紙そのものに印刷するのと、紙に特殊なインクを吹き付

けて作る物があります。白紙に直接印刷されている物は資源ゴミとして回収されますが、後者は資源ゴミにはなりません。直接印刷されている物でも、活字が印刷されていると、資源ゴミにはなりません。資源ゴミになる物は近所の町内会で資源ゴミ回収の日に、まとめて出しています。

　以前テレビで私立探偵のドキュメントを見ていた時に、、探偵がゴミはその人を語ると言っていました。言われてみると、確かに電話番号や住所等個人の情報が書かれた物は気をつけて破く等して捨てますが、ゴミの袋が複数ある時はまとめて運ぶのに袋の持ち手を結び合わせる等しているので、誰が出したかまでは分からなくても、同じ所から出た事が分かってしまいます。袋に書かれた店の住所や空き瓶の内容等、その人の様子が想像できます。持ち手を結んで運ぶ人は私だけではないようですね。

　ある日、ゴミを捨てに行った時に、ゴミ捨て場に人がいたので挨拶すると、枯れた声のその人は、「早く置いて行きなさい!」と言うので、置いて早々に立ち去りました。おそらくゴミの中から金目の物をあさっていたようです。私が電話を置いている台は、近くにいる従兄弟が作ったらしいのを、ゴミ捨て場から家人が拾った物なのであまり人の事は言えませんが、ぞっとしました。この前捨てた「あれ」が、どこかで知らない人に使われているかもしれません。どうせ使われるなら、リサイクルショップに持ち込んだ方が良いかもしれませんね。

　地域によってはゴミを出す時間が決まっていたり、ゴミの山にネットがかけてあったりするそうです。鳥対策との事ですが、敵は頭が良く、昔は単独行動だったのが、今は群れで動き、鳥語で情報交換していると聞きました。この鳥語は本当にあり、天気とかの情報交換をしていたのを聞いた事があります。都会の鳥はいなかの烏より鍛えられているので頭が良いそうです。

　人間は生活するとゴミを生み出しています。ゴミの事や無駄について考えて私達一人一人の気配りで、ゴミが減量されるように願っています。

<http://www.satsuki.sakura.ne.jp/~fuusenn/zakki1.html>

新しい文型

～ちゃった(＝てしまう)	~해버렸다 / ~해버리다
～ながら	~하면서
～とは縁の切れない	~와는 인연을 끊을 수 없다
～ところで	~그런데(이야기의 화제를 바꿀 때)
～かもしれません	~일지 모른다
～ないようにする	~하지 않도록 ~하다
～てから	~하고 나서
～ておいて	~해두고
～なんて	~따위
～ので	~이므로, 이기때문에
～ようになりました	~하게 되었다
～のように	~처럼, ~와 같이
～だけではないようです	~만은 아닌 것 같다
おそらく　～ようです	마치 ~같다
どうせ ~なら	어차피 ~할거면
～によっては	~에 따라서
～について	~에 대해서
～ように願っています	~하도록 기원하고 있다

減量	げんりょう	감량	普通	ふつう	보통
不燃	ふねん	불연	炭素	たんそ	탄소
料理	りょうり	요리	点字	てんじ	점자
可燃	かねん	가연	雑誌	ざっし	잡지
割箸	わりばし	나무젓가락	印刷	いんさつ	인쇄
お客さん	おきゃくさん	손님	特殊な	とくしゅな	특수한
微々たる	びびたる	미미한	直接	ちょくせつ	직접
森林	しんりん	삼림	資源	しげん	자원
伐採	ばっさい	벌채	情報	じょうほう	정보
実践	じっせん	실전	企業	きぎょう	기업
袋	ふくろ	봉투	単独行動	たんどくこうどう	단독행동
違和感	いわかん	위화감	私立探偵	しりつたんてい	사립탐정
衛生	えいせい	위생	活字	かつじ	활자
持参	じさん	지참	空き瓶	あきびん	빈병
品物	しなもの	물건	挨拶	あいさつ	인사
保存する	ほぞんする	보존하다	従兄弟	いとこ	사촌
普段	ふだん	평소	天気	てんき	날씨
服装	ふくそう	복장	都会	とかい	도회
楽器店	がっきてん	악기점	町内会	ちょうないかい	반상회
紙袋	かみふくろ	종이봉투	住所	じゅうしょ	주소

2 연습용 단어 : 빈칸에 <よみがな>를 써보자.

減量		감량	普通	보통
不燃		불연	炭素	탄소
料理		요리	点字	점자
可燃		가연	雑誌	잡지
割箸		나무젓가락	印刷	인쇄
お客さん		손님	特殊な	특수한
微々たる		미미한	直接	직접
森林		삼림	資源	자원
伐採		벌채	情報	정보
実践		실전	企業	기업
袋		봉투	単独行動	단독행동
違和感		위화감	私立探偵	사립탐정
衛生		위생	活字	활자
持参		지참	空き瓶	빈병
品物		물건	挨拶	인사
保存する		보존하다	従兄弟	사촌
普段		평소	天気	날씨
服装		복장	都会	도회
楽器店		악기점	町内会	반상회
紙袋		종이봉투	住所	주소

MEMO NOTE

단신부임
(単身赴任)

단신부임이라는 말은 일본사회에서 보통명사로 쓰이는 단어이다. 남편 혼자서 가족을 놔두고 객지에 전근 가는 것을 가리켜 단신부임이라 하는데 가족과 함께 임지에 갈 수 없는 가장과 남은 가족의 애환이 느껴진다. 기러기아빠라는 신조어가 생겨난 한국 사회에서도 여러 가지 사정으로 가족과 함께 살아가지 못하는 가정이 늘고 있다. 이 작품은 일본 오카야마시(岡山市)에서 주최한 오카야마 시민 문예상 중 제27회 수필부분에 당선된 작품(岡由美子)으로 아내의 입장에서 바라다 본 단신부임 이야기를 통해 일본인 주부의 마음을 살펴보자.

　倉敷で開かれた「モネ展」からの帰り道、のどを潤しに立ち寄った喫茶店で、一組の家族と隣会わせになった。小学生の姉妹とその両親、それに、父親の母らしき女性の五人連れ。

　見るからに仲睦まじそうなその家族は、絶え間なくあれこれ話し合っている。モネの絵画の感想、店の前を彩っている花壇のこと、姉妹のピアノ発表会の話題、夕食の相談…。

　ふいに、妹の方が自分のフルーツパフェーを一口、祖母の口に運んであげた。その横顔は、亡き義母が、よく孫たちに、「どれ、おばあちゃんにも一口味をきかせて。」と、ねだっていた姿と重なり、思わず口許がほころんだ。

　今まで、あまり気にも留めなかったごくありふれた家族模様。それを、まるでまぶしいものでも見るような熱い視線でながめている自分に気づいた。彼らの気のおけない会話やしぐさが何とも心地よく、私をその場から立ち去りがたい思いにさせていた。

　高一の息子と二人きりの生活となって二週間余り。突然夫から、東京支社への転勤話を告げられた時、一瞬耳を疑った。夫は、岡山に本社のあるバス会社に勤務しているが、五十歳間近の年齢で県外への転勤はなかろうと、高をくくっていただけに、私のショックは大きかった。

　単身赴任!すっかり見馴れたこの言葉も、いざわが身に振りかかってみると、想像以上に重く厳しいものがある。夫婦ともに仕事上の責任も増し、一方で、体力的な衰えを感じ始めた頃。さらには、子供の進路や教育費などの切実な問題に直面し、何かと思い悩むことの多い四十代。この時期に、家族離れ離れに暮すことは、大きな痛手である。「四十にして惑わず」の論語の教えも、凡庸な私たち夫婦には、当てはまらない。

　昨年義母が逝くき、この春、長女は神戸の大学に進んだ。そしてこの七月、まさかの夫の転勤。わずか一年余りの間に、この家の住人は、五人から二人に減った。そうして、これまで味わったことのない心細さと寂しさとが、私をおそってきたのである。

　しかし、知人の多くは、口をそろえたように、「いいわね、気楽で!」と私をうらやむ。確かに、「亭主元気で留守がいい」などという流行語が定着しているご時世である。けれど、自分が実際にその立場に置かれてみると、全く違うものなのだ。少なくとも、今の私には、冗談にもそんなセリフを口にできない心境なのだ…。ほのぼのとした家族のやりとりを目の前にしながら、私の心は揺れていた。

さんさん

　店内の電子ピアノが「愛 燦燦」を奏でている。家族全員が大好きなこの曲。

　今日は、妙にじいんと響いてくる。突然目尻に熱いものがこぼれ、あわててぬぐった。

　窓の外は、もうすっかり真夏の気配である。どこまでも続く青空のかなたに、東京と神戸で精一杯生きる夫と長女の姿が浮かんだ。私もかんばらなくては—。私は、自分に言いきかせながら、喫茶店を後にした。

<http://www.city.okayama.okayama.jp>

見るからには	보기에는
絶え間なく	끊임없이
まるで ~ような	마치 ~와 같은
~がたい	~하기 어렵다
二週間 余り	2주일 남짓
~に勤務している	~에 근무하고 있다
~だけに	~한 만큼
~ともに	~와 함께, ~모두
感じ始める	느끼기 시작하다
~に進んだ	~에 진학했다, ~에 앞섰다
一年余りの間に	일년 남짓 사이에
実際に ~てみると	~실제로 ~해보면
~ものなのだ	~하는 법이다
~なくては	~없이는, 아니고는

➡ 岡山

아사히카와강[旭川]과 요시이강[吉井川] 하류부에 펼쳐지는 오카야마 평야에 자리한다. 예로부터 성읍(城邑)으로서 번영하다가 메이지 유신[明治維新] 후 현청이 설치되면서 현의 정치·경제·문화의 중심지로 발전하였다. 공업은 구(旧)시가지에서 화학·섬유·식품·판지·봉제·금속·기계공업이 영위되는데, 대부분의 공업이 중소규모이다. 아사히카와강 하구의 고난[岡南] 공업지대에서는 섬유·제당·광업 등이, 사이다이지[西

大寺]에는 제2차 세계대전 후에 유치된 화학섬유 등의 대공장이 집중해 있다. 그 밖에 구시가지에는 금속기계공업단지, 고지마호[児島湖] 연안에는 목공단지가 있다.

1891년 산요본선[山陽本線]이 개통한 후 여러 철도선이 이곳에서 분기하며, 1972년 산요 신칸센[新幹線]의 개통과 주요 국도의 집중으로 교통의 요지가 되었다. 시내에는 일본의 3대 정원의 하나인 고라쿠엔[後樂園]과 오카야마성(城) 등의 사적과 오카야마대학, 동양 최대의 반사망원경을 설치한 오카야마 천체물리관측소 등이 있다.

単身赴任	たんしんふにん	단신부임	進路	しんろ	진로
喫茶店	きっさてん	다방	教育費	きょういくひ	교육비
家族	かぞく	가족	切実	せつじつ	절실
隣	となり	이웃	直面	ちょくめん	직면
姉妹	しまい	자매	流行語	りゅうこうご	유행어
両親	りょうしん	부모님	定着	ていちゃく	정착
絵画	かいが	회화	実際	じっさい	실제
感想	かんそう	감상	立場	たちば	입장
花壇	かだん	화단	冗談	じょうだん	농담
発表会	はっぴょうかい	발표회	心境	しんきょう	심경
横顔	よこがお	옆얼굴	真夏	まなつ	한여름
様子	ようす	모습	青空	あおぞら	푸른하늘
視線	しせん	시선	自分	じぶん	자기
突然	とつぜん	돌연	父親	ちちおや	아버지
転勤	てんきん	전근	女性	じょせい	여성
勤務	きんむ	근무	夕食	ゆうしょく	석식
想像	そうぞう	상상	孫	まご	손자
体力的	たいりょくてき	체력적	祖母	そぼ	할머니
夫婦	ふうふ	부부	模様	もよう	모양
責任	せきにん	책임	年齢	ねんれい	연령

		단신부임	進路		진로
単身赴任		단신부임	進路		진로
喫茶店		다방	教育費		교육비
家族		가족	切実		절실
隣		이웃	直面		직면
姉妹		자매	流行語		유행어
両親		부모님	定着		정착
絵画		회화	実際		실제
感想		감상	立場		입장
花壇		화단	冗談		농담
発表会		발표회	心境		심경
横顔		옆얼굴	真夏		한여름
様子		모습	青空		푸른하늘
視線		시선	自分		자기
突然		돌연	父親		아버지
転勤		전근	女性		여성
勤務		근무	夕食		석식
想像		상상	孫		손자
体力的		체력적	祖母		할머니
夫婦		부부	模様		모양
責任		책임	年齢		연령

MEMO NOTE

산다는 것은?

(通夜の雨)

이 작품 역시 일본 오카야마시(岡山市)에서 주최한 오카야마시민 문예상 중 제25회 수필부분에 당선된 작품(通夜の雨, 川島英子)으로 지인의 문상(問喪)을 통해 삶의 애환을 잔잔하게 나타낸 작품이다. 참고로 오카야마 시민문예상은 2006년으로 37회를 맞이했다.

ブーウ、ブー。車の音がした。居間の障子を少し開け、外をのぞくと、梅雨の終演を思わせる豪雨だった。部屋から流れ出た黄色い明りの中に、夫の白い車が雨の糸といっしょに入って来た。三時間ほど前のことだ。夫から電話があった。「山本さんの奥さん、とうとう亡くなったよ。これから通夜に行く。五時半までに会社に服をそろえて持って来てくれ」

山本さんは夫の元上司。奥さんが胃癌で入院したと聞いたのは去年の晩秋だった。まだ一年とたたない。私は小雨の中を車で会社に喪服を持って行った。

「ただ今」

沈痛な声が玄関を上がって来た。夫は左手でネクタイをもぎ取りながら、迎えに出た私に、

「おばあちゃんの死に顔はきれいだった」とつぶやいて、ちょっと首を横に振っ

た。九十八歳で三年前に亡くなった祖母のことだ。枯れきった樹が燃えつきたような死だった。山本さんの奥さんは癌で亡くなったといえば、そういうわけにもいかなかったのであろう。

「奥さん、幾つだったの」

私はお汁の鍋をレンジにかけながら、廊下をやって来る夫に尋ねた。「四十五歳だって」

「まあ、私より三つも若い。お気の毒に。山本さん、これから大変だわ」「うん」夫は暗い顔で食卓についた。

「大丈夫よ。貴方だって立ち直ったもん」

私は背中で言った。私達は十六年前に長男を亡くした。生きていれば、もう二十五歳である。

「ああ。でも俺にはお前がいた」

思いがけない夫の言葉だった。私は　一瞬息を止め、慌ててグリルの鯵をのぞきこんだ。

「私こそ、貴方がいたから何とか…」

のどまで出かけた言葉を、引っかかったつばといっしょに胸の中に押しもどした。

私は魚を皿に盛ると、きびすでくるりと振り返った。食卓に座った夫は事もなげにひじきの煮つけをつついていた。

「一杯飲まない?」

私は明るい声を装った。

「ああ、いいね」夫は目で言った。私は食器戸棚からガラスコップを二個取り出し

た。そして

　一つに七分目、もう一つに三分目ほどウイスキーの水割りをそそいだ。

　「山本さんが『奥さんを大事にしてやれよ』って、しみじみと言ったよ」

　「ふっふっふ。『にくまれっ子世にはばかる』って。私、長生きするよ」私は夫の

目を見つめて笑った。夫はうなずいて、おいしそうにグラスをかたむけた。私は夫

の向かいの椅子に腰かけた。

　裏の竹やぶに雨の音がまた大きくなった。

<http://www.city.okayama.okayama.jp>

車の<u>音</u>がした。	차 소리가 나다
<u>三時間ほど前</u>のことだ。	3시간 쯤 전의 일이다
～ことだ。	~의 일이다
そういうわけにもいかなかったのであろう。	~그렇지는 않았을 것이다
<u>四十五歳</u>だって	~45세 라는데
<u>貴方</u>だって<u>立ち直ったもん</u>	당신 역시 회복한걸 뭐
<u>思いがけない</u>夫の言葉だった。	생각지도 못한
<u>私こそ</u>、貴方がいたから何とか…	나야말로
明るい声を<u>装</u>った。	밝은 소리를 위장했다(침울하지 않은 척)
<u>おいしそうに</u>グラスをかたむけた。	맛있게

▶ 일본의 장례문화

일본인의 사생관에 의하면 사람의 일생은 사후에도 일정기간 계속된다고 한다. 더구나 사후의 영령은 생전과 동일한 인격을 가지며, 자손으로부터 공양을 받고 이윽고 조상신이 되어 자손을 수호한다고 믿고 있다.

일본에서는 사람이 임종할 때 물을 마시게 하는 풍습이 있다. 이것을 생의 마지막 물이라고 한다. 그러나 대개의 경우 사람이 임종한 후 그 가족이 젓가락에 탈지면을 감아 물에 적신 뒤 죽은 사람의 입술을 적신다.

옛날에는 죽은 사람을 미지근한 물에 넣어 씻었지만, 요즘은 전신을 목욕물이나 알코올을 사용해 닦는다. 또한 의복은 보통 때와는 달리 왼 섶을 안으로 들어가게 하여 입히고 머리를 북쪽으로 향하도록 하여 눕힌다.

사람이 사망한 밤에는 오쯔야(お通夜) 라고 하여 밤을 함께 새는 행사가 있다. 가족이나 친척, 친구만이 모여 고인의 곁에서 식사 등을 하며 밤을 지샌다. 사람이 사망하면 그 집에서는 현관에 발을 뒤집어 걸고 기중 이라고 쓴 표찰을 내건다.

장례식은 대개 불교식으로 행해진다. 일반인들은 다음날이나 다다음날 행해지는 고별식에 참석한다. 고별식에 참석한 사람은 분향이나 헌화를 하고, 유족에게 위로의말을 전한다. 문상을 할 때 내는 부의를 고우덴 (香典) 이라고 한다. 고우덴은 사망한 사람에게 바치는 돈을 말한다. 금액은 1만엔 정도가 보통이며, 부의용 봉투에 넣어 고별식장의 접수처에 낸다. 돈 대신에 제단에 장식하는 물건이나 집밖에 나란히 세우는 조화를 보내는 사람도 있다. 그리고 나서 관이 화장장으로 향하는 것을 전송한다.

옛날에는 사람이 사망하면 7일마다 공양을 했지만, 오늘날에는 초7일, 35일, 49일의 3차례 공양을 하는 것이 보통이다. 그후 1년, 7년등 일정한 기간마다 죽은 자에게 공양을 하고 사후 33년이나 50년이 경과하게 되면 비로소 조상신이 되어 선조 대열에 끼일 수 있게 된다고 일본인은 생각하고 있다.

<http://www.nihongoclub.com>

見舞い	みまい	병문안	廊下	ろうか	복도
居間	いま	거실	食卓	しょくたく	식탁
梅雨	つゆ	장마	大丈夫	だいじょうぶ	괜찮다
豪雨	ごうう	호우	貴方	あなた	당신
黄色い	きいろい	노랗다	長男	ちょうなん	장남
夫	おっと	남편	俺	おれ	나
電話	でんわ	전화	お前	おまえ	너
会社	かいしゃ	회사	言葉	ことば	말
上司	じょうし	상사	一瞬	いっしゅん	일순간
胃癌	いがん	위암	胸	むね	가슴
入院	にゅういん	입원	皿	さら	접시
去年	きょねん	작년	盛る	もる	담다
晩秋	ばんしゅう	만추	振り返る	ふりかえる	돌아보다
喪服	もふく	상복	食器棚	しょっきだな	식기찬장
沈痛	ちんつう	침통	長寿	ちょうじゅ	장수
玄関	げんかん	현관	椅子	いす	의자
左手	ひだりて	왼손	後ろ	うしろ	뒤
九十八歳	きゅうじゅうはっさい	구십팔세	竹やぶ	たけやぶ	대나무숲
汁	しる	국물	水割り	みずわり	물타다
鍋	なべ	냄비	首	くび	목

2 연습용 단어 : 빈칸에 <よみがな>를 써보자.

見舞い		병문안	廊下		복도
居間		거실	食卓		식탁
梅雨		장마	大丈夫		괜찮다
豪雨		호우	貴方		당신
黄色い		노랗다	長男		장남
夫		남편	俺		나
電話		전화	お前		너
会社		회사	言葉		말
上司		상사	一瞬		일순간
胃癌		위암	胸		가슴
入院		입원	皿		접시
去年		작년	盛る		담다
晩秋		만추	振り返る		돌아보다
喪服		상복	食器棚		식기찬장
沈痛		침통	長寿		장수
玄関		현관	椅子		의자
左手		왼손	後ろ		뒤
九十八歳		구십팔세	竹やぶ		대나무숲
汁		국물	水割り		물타다
鍋		냄비	首		목

 MEMO NOTE

<table><tr><td>제 10 주</td><td>"나야나" 사건
(おれおれ詐欺)</td></tr></table>

사기 사건이 잇따르고 있다. 이른바 "나야나" 사건으로 불리는 이 사기 사건의 특징은 나이든 노인만을 상대로 한다는 것이 특징이다. 귀가 잘 안들려 상대의 목소리를 가늠 못하는 노인들에게 마치 손자인 것처럼 전화를 걸어 "누구세요"하는 할머니에게 "나야나, 나라구 할머니"라고 하면 대개의 할머니는 "누구라고? 마나부라고?" 식으로 손자의 이름을 말해버리고 만다. 그 틈을 타 교통사고 등을 빙자해 송금을 요구해서 찾아가는 수법으로 일본 신문 사회면에 자주 등장하는 사기사건이다.

1) 방지법

最近、全国的に詐欺事件(通称おれおれ詐欺)が多発しています。発生の手口・被害防止方法は次のとおりですので、お年寄りのいるご家庭では被害に遭わないように十分注意して下さい。

1. 発生の手口

白昼の時間帯に「俺だよ、おれ」等と孫・息子・甥など肉親を装って電話をかけ、被害者が「○○かい」と尋ねると、「そう」などと返答し、肉親と思いこんだ被害者に、架空の、

・借金の返済

・交通事故の示談金

・睡眠商法にひっかかった

等を理由に現金を指定口座に振り込むよう依頼して搾取する。

主な被害者は、60〜80歳の高齢者で、中でも女性が被害に遭うケースが多い。

2. 被害防止方法

　・自分から肉親の名前を言わず、相手に名乗らせる。

　・他の親戚の名前を言わせる等の方法で、相手方が肉親であることを確認する。

　・電話を切った後で改めて電話をかけ直す等して、肉親からの依頼であることを
　　再確認する。

　・確認出来ないうちはお金を振り込まない。

　・日頃から家族(特に同居していない者)間でこの種の犯罪への対応策について話
　　し合っておく。

　・振り込む前に他の親族等に相談する。

騙されてはいけません。

被害者の孫・息子可愛さの心理を利用した、悪質な手口の犯行です。

<http://www.ichikawa-ps.jp/oreore.htm>

2) 우체국 사기 사건 사례

일본 우체국 北陸支社에서 平成16年2月19日(2005년) "나야나 사기에 주의를"(おれ、おれ詐欺にご注意を!)이라는 타이틀로 사기행각 사례를 제시한 몇 건을 살펴보면 다음과 같다.

○ 館内の郵便局で発生した「おれ、おれ詐欺」と思われる最近の事例

1. 事例(石川県松任郵便局 及び 山島簡易郵便局)

金沢東警察署職員と名乗る者から、電話で「息子さんが交通事故を起こした。別の場所にいるので電話して欲しい。」と連絡があり、指定された番号に電話したところ、「220万円送金して欲しい。」と依頼があったため、お客さまが窓口で送金の請求をされた。

不審に思った職員が、息子さんへの確認を依頼し、連絡をとったところ、詐欺であることが発覚した。＜未然防止＞

2. 事例(福井県福井文京六郵便局)

福岡中央警察署交通課と名乗る女性から、電話で「息子さんが交通事故を起こした。被害者はヤクザであり、息子さんは念書を書いた。169万円送金すること。近くの郵便局へ行ったら電話してほしい。」と連絡があり、お客さまが指定された番号へ電話し、窓口で送金の請求をされた。

不審に思った職員がお客さまに送金内容等を確認していただくよう何度も依頼したが、手口が巧妙であり防止に至らなかった。

3. 事例(富山県庄川郵便局)

　孫を名乗る者から、電話で「友達がサラ金から500万円借りて行方不明になった。保証人になっているのでお金を返さなければならない。」と依頼があったため、お客さまが窓口で送金の請求をされた。

　不審に思った職員が「おれおれ詐欺ではないですか。」と何回も確認したが、間違いないので送金して欲しいとの強い申し出があったため、送金を行った。

4. 事例(富山県庄川郵便局)

　孫を名乗る者から、電話で「友人のお父さんが亡くなった。友人が交通事故で入院しているので代わりに葬儀を出さなければならない。500万円送ってほしい。」と依頼があり、「500万円はない。」と答えると「200万円でいい。」と言われたので、お客さまが窓口で送金の請求をされた。

　不審に思った職員が、お孫さんへの確認を依頼し、連絡をとったところ、詐欺であることが発覚した。＜未然防止＞

【福井県】　　　　　　　　　　　　　　　　　　　　　　　　　　単位:円

	発生年月日	局種	局名	請求(詐欺)金額	状況
1	平成15年11月12日(水)	集特	山　東	5,000,000	○
2	平成15年11月14日(金)	集特	高　浜	500,000	△
3	平成15年12月8日(月)	集特	下　味　見	1,850,000	○
4	平成15年12月29日(月)	集特	三　方	5,000,000	○
5	平成16年1月5日(月)	集特	下穴馬(中竜簡易)	500,000	○
6	平成16年2月5日(木)	無特	福井文京六	1,690,000	△

<http://www.japanpost.jp/pressrelease>

新しい文型

～のとおり	~와 같이, ~대로
振り込むよう	~송금하도록
～ないうちは	~하지 않는 사이에
～間で	~사이에
～てはいけません	~해서는 안됩니다
電話して欲しい	전화 해주었으면 좋겠다
電話したところ	전화 한 결과
依頼があったため	의뢰가 있었으므로
連絡をとったところ	연락 해본 결과
～に至らなかった	~에 이르지 않았다
返さなければならない	~돌려주지 않으면 안된다
詐欺であることが発覚した。	~사기임이 발각되었다
169万円送金すること	~할 것

▶ 우편용어

手紙 : 편지 / 葉書 : 엽서 / 絵葉書 : 그림엽서 / 小包 : 소포 / 速達 : 속달

書留 : 등기 / 送金 : 송금 / EMS(국제스피드우편물 : 国際スピード郵便物)

国際郵便 : 국제우편 / 切手 : 우표 / 郵便番号 : 우편번호 / 配達 : 배달

郵便貯金 : 우편저금 / 振り込み : 계좌송금

詐欺	さぎ	사기	同居	どうきょ	동거
最近	さいきん	최근	犯罪	はんざい	범죄
全国的	ぜんこくてき	전국적	対応策	たいおうさく	대응책
通称	つうしょう	통칭	肉親	にくしん	육친, 친척
多発	たはつ	다발	相談	そうだん	상담
発生	はっせい	발생	心理	しんり	심리
被害防止	ひがいぼうし	피해방지	利用	りよう	이용
注意	ちゅうい	주의	悪質	あくしつ	악질
時間帯	じかんたい	시간대	犯行	はんこう	범행
息子	むすこ	아들	館内	かんない	관내
甥	おい	조카	郵便局	ゆうびんきょく	우체국
親戚	しんせき	친척	警察署	けいさつしょ	경찰서
被害者	ひがいしゃ	피해자	職員	しょくいん	직원
返済	へんさい	변재	場所	ばしょ	장소
交通事故	こうつうじこ	교통사고	連絡	れんらく	연락
依頼	いらい	의뢰	指定	してい	지정
高齢者	こうれいしゃ	고령자	送金	そうきん	송금
口座	こうざ	구좌	窓口	まどぐち	창구
相手	あいて	상대	請求	せいきゅう	청구
確認	かくにん	확인	保証人	ほしょうにん	보증인

2 연습용 단어 : 빈칸에 <よみがな>를 써보자.

詐欺		사기	同居		동거
最近		최근	犯罪		범죄
全国的		전국적	対応策		대응책
通称		통칭	肉親		육친, 친척
多発		다발	相談		상담
発生		발생	心理		심리
被害防止		피해방지	利用		이용
注意		주의	悪質		악질
時間帯		시간대	犯行		범행
息子		아들	館内		관내
甥		조카	郵便局		우체국
親戚		친척	警察署		경찰서
被害者		피해자	職員		직원
返済		변제	場所		장소
交通事故		교통사고	連絡		연락
依頼		의뢰	指定		지정
高齢者		고령자	送金		송금
口座		구좌	窓口		창구
相手		상대	請求		청구
確認		확인	保証人		보증인

MEMO NOTE

일본인의 자연관
(日本人の自然観)

일본의 기후는 춥지도 덥지도 않은 온대 지방에 속하며 한국과 같이 4계절이 뚜렷하다. 물론 한국과 달리 섬나라로서의 특징도 있겠지만 유사한 점도 많다. 서로 비슷한 자연 환경을 갖고 있는 일본. 그 속에서 살아가는 일본인의 자연관은 어떠한지 다음 글을 통해 살펴보자.

日本は温帯地方にあり、四季がはっきりしている。そのため、日本人はその季節に応じて生活の中に自然を多く取り入れ、楽しむ。例えば、寒い日には季節の魚や野菜を入れた鍋を食べたり、暑い夏には氷を入れたそうめんを食べたりする。また、伝統的な日本料理では、自然をそのまま表現するような盛り付けがされていて、舌で味わうだけでなく目でも季節を楽しめるように工夫されている。季節の変化を楽しみ、生活の中に自然を多くとりいれることは食生活に限らず、日常生活ををはじめ、芸術、文学、音楽の世界においても同様である。例えば、日本の古典である「源氏物語」の中では、女性の美しさは目が大きいとか鼻が高いとか具体的に述べられるのではなく、「桜」や「二月の柳」や「山吹」のようだと花にによって表現されている。そして、このような自然観、季節感を大事にする伝統は今でも生きていて、私たちは手紙を書く時、本題に入る前に、時候の挨拶を書くことになっている。これも、季節感を大事にする伝統の現れと言えるだろう。日本人はこのように自然を取り入れ、楽しむのと同時に恐れ敬ってもきた。日本古来の宗教、神道が自然崇拝をもとにしているのも、日本人が自然を恐れ敬い、自然と協調して生きてきたことと関係している。自然を支配しようとするのではなく、自然に従い怒らせないようにするというのが基本的基本的な考え方だといえるだろう。これはキリスト教的な自然を支配しようとする考え方とは根本的に異なっている。言いかえれば、日本人にとって自然は人間を包み人間と共存していくものでる、いや、人間と共存していくものであったというべきかもしれない。戦後、経済発展を第一の目標にし、自分の生活を犠牲にしてまで一生懸命働いてきたサラリーマンと同じように、日本人は自分たちの周りにある美しい自然を犠牲にして経済的利益や生活の便利さを追求してきた。工場からの汚水は川や海に流されて、水俣病など大きな社会問題を引き起こした。また、工場や車からの排気ガスは空気を汚染し,人々の健康に害を与えるだけでなく酸性雨を降らせる原因にもなっている。若者は豊かな生活を求め、都会に出ていった。村には年寄りが残され,農地や森林の管理も十分にできないという状況も生まれた。その一方で、収穫を増やすために農薬や科学肥料がどんどん使われている。それだけではない、ゴルフコースを造るために森林が伐採され、そこでも農薬が多量に使われ、水質汚染の原因になっている。汚染された水や排気ガスが私たち人間や環境に与える悪影響を考えると恐ろしくてしかたがない。もちろん、近代化や技術の進歩が悪いと全面的に否定することはできない。健康で豊かな生活を送るためには、近代化は必要であるし、自然を人間の手によって変えなければならない場合もある。しかし、それがどこまで許されるのか、決して無制限ではないはずだ。今、このような自然破壊を反省し、美しい自然を守ろう、農薬を使わない自然食品を取り戻そうという運動が盛んになりつつある。自然と人間の共存

を達成し、いい関係を取り戻すには、一人一人の自覚が大切なことに気がついたの
だ。リサイクルやゴミ処理に対する人々の関心は高まっている。そして、豊かな自
然をまもることは一つの国の問題ではなく、地球全体の問題なのだという認識が
人々の間に広がりつつある。戦後約60年が過ぎ、今、本当に豊かな生活とは何なの
か、やっと真剣に考えられるようになったのかもしれない。ところで、「花」と言え
ば、桜を意味するくらい、桜は日本人にとって特別な花で、桜を抜きにしては日本
人の自然観や人生観を語ることは出来ないほどだ。文学・能・歌舞伎・絵画のどれ
一つをとってみても、桜は重要な役割を果たしている。桜は日本人の考え方や生き
方を表しているとも言えるだろう。海外で生活していて、普段日本のことを忘れて
いるような人でも、4月、日本からのニュースで桜が満開に咲いているのを見る
と、胸が熱くなるような思いがし、日本人であることを感じるということだ。春に
なると「桜前線」といって、天気予報のように桜の花はいつどこから咲き始めるか、
今どこが満開かといったことが毎日放送される。

<http://www2.dokkyo.ac.jp/~japan/japanese>

新しい文型

~に応じて生活　　　　　　~에 맞는 생활

時候の挨拶を書くことになっている　계절 인사를 쓰게 되어있다

~をはじめ　　　　　　　　~을 비롯해

~によって　　　　　　　　~에 의해

~だけでなく　　　　　　　~뿐만 아니라

~にとって　　　　　　　　~에 있어서

楽しめるように　　　　　　~즐길 수 있도록

本題に入る前に　　　　　　~하기 전에

~と同時に　　　　　　　　~와 동시에

~と共存していくものでる　~와 공존해 가는 것이다

~にしてまで　　　　　　　~해서 까지

~ために　　　　　　　　　~위하여

~しくてしかたがない　　　~해서 죽겠다

~はずだ　　　　　　　　　~틀림없이 ~할 것이다

盛んになりつつある/ 広がりつつある　왕성해지고있다 / 확산되고 있다

ゴミ処理に対する　　　　　쓰레기 처리에 대한

~ような思いがする　　　　~와 같은 생각이 든다

~を抜きにして　　　　　　~을 빼고는

84

▶ 源氏物語(겐지 모노가타리)

11세기초 무라사키 시키부[紫式部]가 쓴 일본문학의 걸작으로 본격 장편소설 중 세계에서 가장 오래되고 가장 훌륭한 문학작품의 하나로 꼽힌다. <겐지 모노가타리>는 지극히 세련되고 우아한 귀족들로 이루어진 독특한 사회의 모습을 잘 그려내고 있다. 소설의 대부분은 겐지왕자가 살면서 여러 여자들을 만나고 사랑을 나누는 이야기이다. 힘차게 행동하는 장면은 없지만 인간의 감정과 자연의 아름다움을 매우 섬세하게 그려내고 있으며, 이 세상의 덧없음이라는 불교적 깨달음이 반영되어 이야기가 진행될수록 분위기는 어두워진다. 아서 웨일리가 번역한 <겐지의 이야기 The Tale of Genji>(1935)는 영국 문학의 고전이다.

▶ 神道

'신도(神道)'는 일본의 고유 민족신앙으로, 선조나 자연을 숭배하는 토착 신앙이다. 하지만 종교라기보다는 조상의 유풍을 따라 가미(神 : 신앙의 대상)를 받들어 모시는 국민 신앙이라 할 수 있으며, 그것을 기초로 하여 전개되는 문화현상을 포함해서 말할 수도 있다.

'신사(神社)'는 태평양전쟁 패전 이전까지 일본이 국교로 내세운 신도(神道)의 사당이다. 즉, 신도의 신을 제사 지내는 곳이 '신사'다.

1868년 메이지유신(明治維新) 이후에 신도는 천황의 권위를 유지하기 위한 국가 종교가 되고, 신사는 정부의 관할 하에 놓이게 된다. 결국 국가와 종교의 합체는 국수주의적인 기풍을 몰고 왔으며, 특히 1930년대 이후에는 '국가신도'가 널리 보급되기에 이른다.

1889년 헌법에는 형식적으로 종교의 자유를 보장했지만 신사에서 참배하는 것을 모든 일본인의 애국적인 임무로 간주했다. 10만 개가 넘는 신사에 대한 행정은 정부가 맡았고 신도식 수양을 가르치는 수신(修身) 과목은 학교의 필수과목이 되었으며 정부는 천황의 신성(神性)을 선전했다.

그러나 제2차 세계대전 후 일본사회의 모든 종교는 국가로부터 분리되게 된다. 이때부터 신도를 비롯한 여러 종교는 국가 혹은 지방자치단체로부터 분리되어 새로운 종교법인으로서 새 출발하여 민간에 의한 종교단체로 운영되며 현재에 이르고 있는 것이다.

현재 일본에 산재한 신사는 전설의 인물 또는 신격화된 실존 인물에게 제사를 지내는 곳이 있고 누구를 내세우는지 불분명한 곳도 있다.

일본 곳곳에는 8만여 개의 신사가 있다.

일본의 신사에 대한 호칭은 신사 외에도 신궁, 궁, 대사, 사 등으로 불리워지기도 한다. 이 중 '신궁(神宮)'은 특히 황실과 관계가 있는 가미를 모신 신사를 가리킨다. '대사(大社)'는 옛날에 신사의 사격을 대중소로 나누었을 때 대사 사격을 받았던 신사를 가리킨다. '사(社)'는 큰 신사로부터 제신을 권청받아 소규모로 모시는 신사를 가리킨다.

自然観	しぜんかん	자연관	共存	きょうぞん	공존
温帯地方	おんたいちほう	온대지방	戦後	せんご	전후
四季	しき	사계	経済発展	けいざいはってん	경제발전
季節	きせつ	계절	目標	もくひょう	목표
野菜	やさい	야채	犠牲	ぎせい	희생
氷	こおり	얼음	一生懸命	いっしょうけんめい	열심히
伝統的な	でんとうてきな	전통적인	利益	りえき	이익
表現	ひょうげん	표현	追求	ついきゅう	추구
変化	へんか	변화	汚水	おすい	오수
芸術	げいじゅつ	예술	汚染	おせん	오염
文学	ぶんがく	문학	酸性雨	さんせいう	산성비
音楽	おんがく	음악	農地	のうち	농지
古典	こてん	고전	収穫	しゅうかく	수확
具体的	ぐたいてき	구체적	地球	ちきゅう	지구
宗教	しゅうきょう	종교	化学肥料	かがくひりょう	화학비료
自然崇拝	しぜんすうはい	자연숭배	自然破壊	しぜんはかい	자연파괴
強調	きょうちょう	협조	環境	かんきょう	환경
支配	しはい	지배	悪用	あくよう	악영향
基本的	きほんてき	기본적	技術	ぎじゅつ	기술
根本的	こんぽんてき	근본적	進歩	しんぽ	진보

2 연습용 단어 : 빈칸에 <よみがな>를 써보자.

自然観		자연관	共存		공존
温帯地方		온대지방	戦後		전후
四季		사계	経済発展		경제발전
季節		계절	目標		목표
野菜		야채	犠牲		희생
氷		얼음	一生懸命		열심히
伝統的な		전통적인	利益		이익
表現		표현	追求		추구
変化		변화	汚水		오수
芸術		예술	汚染		오염
文学		문학	酸性雨		산성비
音楽		음악	農地		농지
古典		고전	収穫		수확
具体的		구체적	地球		지구
宗教		종교	化学肥料		화학비료
自然崇拝		자연숭배	自然破壊		자연파괴
強調		협조	環境		환경
支配		지배	悪用		악영향
基本的		기본적	技術		기술
根本的		근본적	進歩		진보

 # MEMO NOTE

12주부터 한 학기 강좌가 끝나는 16주까지는 일본문화를 소개하기로 한다.

말이 다르면 생각이 다르고 생각이 다르면 생활습관과 문화도 다르게 마련이다.

이번 학기를 통해 일본어로 쓰여진 일본문화를 접해 일본을 이해하는 계기로 삼았으면 한다.

1) 正月

正月とは1月のことですが、祝う期間はふつう最初の3日間または1週間で、日本人には最も大事な期間です。学校も会社も1〜2週間休みとなり、家族と離れて暮している人の多くも、帰省して家族と一緒に過ごします。正月を迎えるにあたっては大掃除をし、門松やしめ飾り、鏡餅の準備をします。大晦日の夜には寺で除夜の鐘が鳴らされ、年越しそばを食べて新年を迎えるのです。和服を着ることも多く、元旦には寺社へ初詣に行って新年の健康と幸福を祈ります。届いた年賀状に目を通すことや、子どもにとってはお年玉をもらうことも、正月の楽しみの一つです。

2) おせち料理

おせち料理は、正月三が日に食べる特別な料理です。漆塗りの重箱には、口取、焼き物、煮物、酢の物などが色とりどりに盛りつけられます。見た目が豪華である上、長持ちするのが特徴で、三が日くらいは主婦の家事が軽減されるようにという配慮もあって、現在のおせち料理ができあがったようです。地方によって多少の違いはありますが、おせちの中身はだいたい決まっています。そして鯛は「めでたい」、数の子は「子孫繁栄」、昆布巻は「よろこぶ」といったように、おせちの中身にはそれぞれ願いが込められているのです。

3）しめ飾り

正月に門戸に飾るもので、魔よけの意味があります。しめ縄は神を迎える清浄な場所を示すために張るものですが、そのしめ縄をもとに橙やシダ、伊勢エビなどの縁起物を付けて作った飾りがしめ飾りです。橙は子孫の繁栄を意味するなど、縁起物はそれぞれ意味を持っています。正月が終わると門松などと一緒に神社へ持って行き、焼いてもらいます。

4）門松

門松は、松の枝を組み合わせて作った飾りに竹や梅が添えられたもので、正月の間、家の門前に一対置きます。日本では松竹梅は縁起がよいとされており、特に松は古来、長寿を意味するものとして尊ばれてきました。本来、門松は年神を迎えるためのものでしたが、最近は正月飾りの1つと認識されることが多いようです。

5）雑煮

　雑煮は、餅や野菜を入れた汁で、新年を祝うために正月には欠かせない料理の1つです。関東地方の雑煮は四角い餅を入れたすまし汁仕立て、関西地方の雑煮は丸い餅を入れた味噌仕立てというのが一般的ですが、味付けや中に入れる具は、その地方や家庭によって違います。ほかに魚や鶏肉を入れたり、地方の特産物を入れたりと、郷土色が色濃く出るのが雑煮の特徴です。

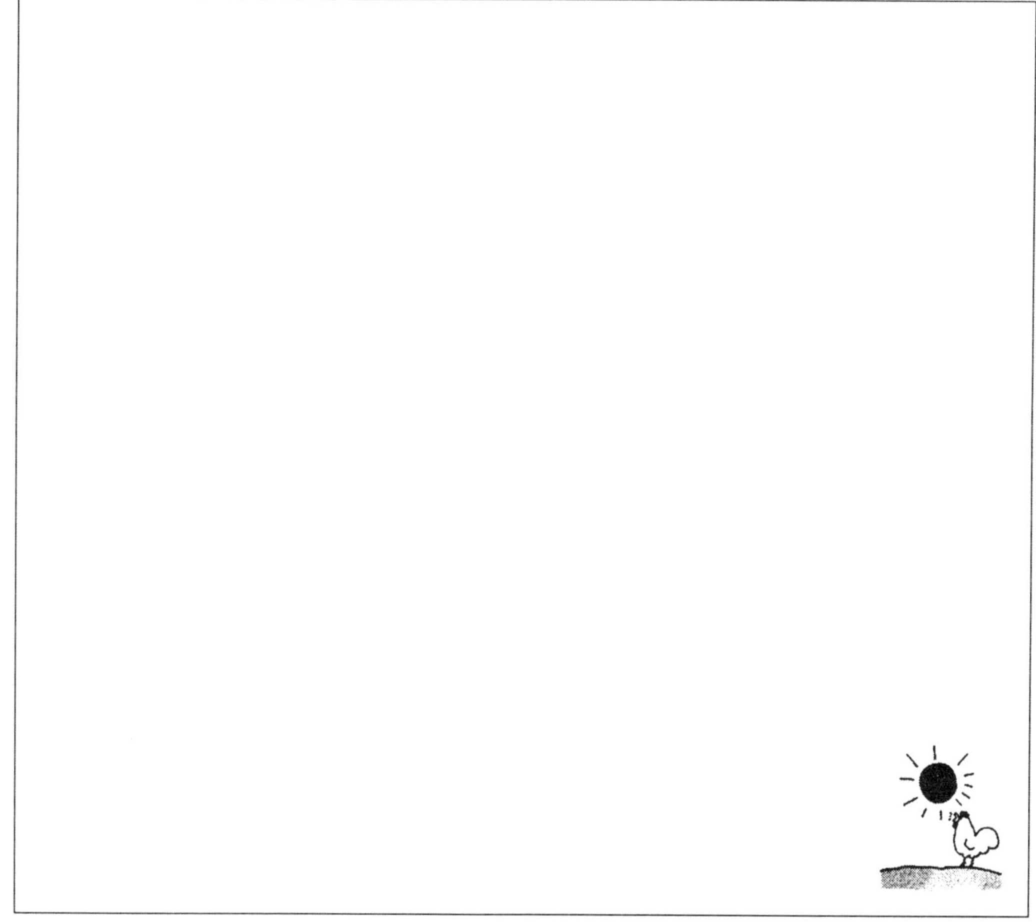

新しい文型

正月<u>と</u>は1月<u>のこと</u>です　　설날이란 1월을 가리킵니다

迎<u>える</u><u>にあたって</u>は　　맞이하기에 앞서

<u>楽しみの</u>1つです　　즐거움의 한가지

軽減<u>される</u><u>ように</u>　　경감되도록

よろこぶ<u>といった</u>　　기쁨과 같은

欠<u>かせない</u>　　뺄 수 없는

家庭<u>によって違います</u>　　가정에 따라 다르다

▶ 설날풍경

　일본의 설은 양력을 기준으로 하며 1월 1일은 새해의 첫날로서 がんじつ/元日 혹은 がんたん/元旦이라고도 하며 특히 1일/2일/3일을 さんがにち라 하여 대부분의 가정에서는 일을 쉬고 신년의 출발을 축하한다. 또한 이 기간에는 도시에 일하러 나가 있던 젊은이들도 고향으로 돌아와 신년을 축하하고 산가니치의 아침은 가족들이 모여 とそ를 마시고 ぞうに를 먹는다. 옛날에는 각자의 집문에 しめなわ/인줄을 치고 소나무 장식을 하며 소나무와 대나무로 만든 かどまつ/門松로 장식하기도 한다. 소나무 장식 기간을 まつのうち/松の内라 한다.

正月	しょうがつ	정월	鯛	たい	도미
期間	きかん	기간	意味	いみ	의미
最初	さいしょ	최초	清浄	せいじょう	청정
帰省	きせい	귀성	子孫	しそん	자손
大掃除	おおそうじ	대청소	繁栄	はんえい	번영
除夜の鐘	じょやのかね	제야의종	竹	たけ	대나무
健康	けんこう	건강	梅	うめ	매화
新年	しんねん	신년	松	まつ	소나무
幸福	こうふく	행복	長寿	ちょうじゅ	장수
年賀状	ねんがじょう	연하장	認識	にんしき	인식
お年玉	おとしたま	새뱃돈	雑煮	ぞうに	떡국
お節料理	おせちりょり	설음식	餅	もち	떡
特別な料理	とくべつなりょうり	특별한요리	お祝い	おいわい	축하
豪華	ごうか	호화	関東地方	かんとうちほう	관동지방
特徴	とくちょう	특징	四角い	しかくい	사각형
主婦	しゅふ	주부	関西地方	かんさいちほう	관서지방
軽減	けいげん	경감	丸い餅	まるいもち	둥근떡
配慮	はいりょ	배려	味噌	みそ	된장
地方	ちほう	지방	特産物	とくさんぶつ	특산물
多少	たしょう	다소	黄色い	きいろい	노란색

2 연습용 단어 : 빈칸에 <よみがな>를 써보자.

正月		정월	鯛		도미
期間		기간	意味		의미
最初		최초	清浄		청정
帰省		귀성	子孫		자손
大掃除		대청소	繁栄		번영
除夜の鐘		제야의종	竹		대나무
健康		건강	梅		매화
新年		신년	松		소나무
幸福		행복	長寿		장수
年賀状		연하장	認識		인식
お年玉		새뱃돈	雑煮		떡국
お節料理		설음식	餅		떡
特別な料理		특별한요리	お祝い		축하
豪華		호화	関東地方		관동지방
特徴		특징	四角い		사각형
主婦		주부	関西地方		관서지방
軽減		경감	丸い餅		둥근떡
配慮		배려	味噌		된장
地方		지방	特産物		특산물
多少		다소	黄色い		노란색

일본문화 알기 (2)
（鏡餅、鏡開き、七草がゆ、成人の日、節分）

1）鏡餅

　鏡餅は、10〜20センチくらいの大小2つの平たくて丸い餅を、台の上に重ねたものです。正月には床の間に飾り、神仏に供えます。日本には、正月には年神という尊い神が家々を訪れるという古い信仰があり、その年神に鏡餅をお供えしてまつるというのがもともとの意味でした。しかし最近ではそのようなことを意識する人は少なく、鏡餅も正月飾りの1つになってしまっているようです。

2）鏡開き

　鏡開きとは、床の間に飾っておいた鏡餅を1月11日に下ろして、食べる行事です。元来は20日に行われていましたが、1651年1月20日に徳川幕府三代将軍家光が亡くなったため、11日に改められたと言われています。11日にもなると、鏡餅は固くひび割れてきますが、縁起物なので刃物で「切る」ことを避け、手か槌でたたいて割ります。餅が割れて開くから鏡「開き」といわれるのです。

3）七草がゆ

　日本での米の調理法の1つに「かゆ」（米に水を多く入れて柔らかく煮る）があります。そして1月7日には、かゆにセリやナズナなどの「春の七草」を入れたかゆを食べるという習慣があります。この日にかゆを食べると、万病を遠ざけるといわれています。地方によっては、雑炊や雑煮にして食べたり、代わりに小豆を入れたかゆを作って食べたりするところもあります。

4) 成人の日

2000年より成人の日は1月15日から1月第2月曜日へ移動している。

国民の祝日の1つで、1948年に制定されました。この日、全国の市町村では、20歳になった人たちを祝福して、成人式を催します。女性の多くは、華やかな振袖姿でこの式に臨みます。

日本では、20歳になると成人と認められます。20歳とは選挙権をはじめ、市民権を与えられる大切な節目なのです。飲酒や喫煙が許されるのも20歳からです。

5) 節分

節分とは本来、「季節の分かれ目」を意味していましたが、現在では特に、立春の前日である2月3日ごろがこれに当ります。この日の夜、人々は炒った大豆を家の内外にまきながら、「鬼は外!福は内!」と唱えます。その年の健康を祈るため、大豆を自分の年の数だけ食べるという習慣もあります。また、寺や神社でも大がかりな豆まきが実施されます。

新しい文型

家庭<u>によって</u>違います	가정에 따라 다릅니다
~<u>になってしまっている</u>ようです。	~가 되어버린 듯하다
<ruby>飾<rt>かざ</rt></ruby>っ<u>ておいた</u>	장식해 둔
亡くなっ<u>たため</u>	죽었기 때문에
地方<u>によっては</u>	지방에 따라서는
<ruby>代<rt>か</rt></ruby>わりに	대신에
<ruby>選挙権<rt>せんきょけん</rt></ruby><u>をはじめ</u>	~을 비롯해
数<u>だけ</u>	~수 만큼

▶ 귀신은 밖으로 복은 안으로

<ruby>節分<rt>せつぶん</rt></ruby>은 입춘 전날을 말하며 해에 따라 날짜는 다르지만 대개 2월 3일 전후이다.

세츠분 날 밤에는 각 가정에서 "귀신은 밖으로 복은 안으로"(<ruby>鬼<rt>おに</rt></ruby>は<ruby>外<rt>そと</rt></ruby>,<ruby>福<rt>ふく</rt></ruby>は<ruby>内<rt>うち</rt></ruby>)라고 외치는 소리와 집 안팎으로 콩을 뿌리는 소리가 들려온다.

이 행사는 계절이 바뀔 즈음 귀신(사악한 것이나 불행)은 집밖으로 나가고 복(행운이나 행복)은 집안으로 들어오라고 하는 바람이 깃들어있다. 콩을 뿌린 다음, 남은 콩을 가족 전원이 각기 자신의 나이만큼 먹기도 한다.

信仰	しんこう	신앙	祝福	しゅくふく	축복
意識	いしき	의식	開催	かいさい	개최
行事	ぎょうじ	행사	豪華な	ごうかな	호화로운
幕府	ばくふ	막부	選挙権	せんきょけん	선거권
将軍	しょうぐん	장군	市民権	しみんけん	시민권
刃物	はもの	칼	節句	せっく	명절
槌	つち	망치	飲酒	いんしゅ	음주
鏡	かがみ	거울	喫煙	きつえん	끽연
調理法	ちょうりほう	조리법	礼儀	れいぎ	예절
粥	かゆ	죽	現在	げんざい	현재
習慣	しゅうかん	습관	立春	りっしゅん	입춘
万病	まんびょう	만병	豆	まめ	콩
小豆	あずき	팥	鬼	おに	도깨비
成人	せいじん	성인	福	ふく	복
移動	いどう	이동	寺	てら	절
祝日	しゅくじつ	경축일	神社	じんじゃ	신사
制定	せいてい	제정	実施	じっし	실시
建国	けんこく	전국	唱える	となえる	외치다
市町村	しちょうそん	시정촌	祈る	いのる	기도하다
二十歳	はたち	이십세	炒る	いる	볶다

2 연습용 단어 : 빈칸에 <よみがな>를 써보자.

信仰		신앙	祝福		축복
意識		의식	開催		개최
行事		행사	豪華な		호화로운
幕府		막부	選挙権		선거권
将軍		장군	市民権		시민권
刃物		칼	節句		명절
槌		망치	飲酒		음주
鏡		거울	喫煙		끽연
調理法		조리법	礼儀		예절
粥		죽	現在		현재
習慣		습관	立春		입춘
万病		만병	豆		콩
小豆		팥	鬼		도깨비
成人		성인	福		복
移動		이동	寺		절
祝日		경축일	神社		신사
制定		제정	実施		실시
建国		전국	唱える		외치다
市町村		시정촌	祈る		기도하다
二十歳		이십세	炒る		볶다

 MEMO NOTE

일본문화 알기 (3)
(建国記念日、春分の日、おはぎ、お彼岸、ひな人形 ひな祭り)

1) 建国記念日

2月11日は建国記念の日で、国民の祝日の1つです。「建国」といっても、アメリカの独立記念日のように歴史的な日ではありません。初代天皇である神武天皇が即位したのは2月11日だという神話に基づき、その日を日本が始まった日と定めたのです。第2次世界大戦後に歴史的根拠がないためにいったん中止されましたが、1967年に復活しました。

2) 春分の日

春分の日は、3月21日ごろ、太陽が春分点に達する日で、昼と夜の長さが等しくなります。日本では自然をたたえ、生物を慈しむ日として、国民の祝日にも制定されています。春分の日をはさんで前後3日ずつの7日間を「春の彼岸」といいます。彼岸とは仏教で「あの世、極楽」を指し、仏教信者でなくてもこの期間には墓参りをします。墓をきれいに掃除して花や線香などを供え、故人の霊を弔うのです。

3) おはぎ

おはぎは日本の伝統的な菓子です。もち米にうるち米を混ぜて炊き、軽くつぶして丸めたものに、あん、またはきなこやごまなどをまぶして作ります。年2回、春と秋の彼岸には欠かせない食べ物で、元来は先祖の霊にお供えするために家庭で作っていたものですが、今では一般的な和菓子の1つとなりました。

　4）お彼岸

　彼岸は年に2回あり、それぞれ春分の日と秋分の日を真ん中に挟んだ1週間をさします。彼岸とは仏教用語で「死者が渡る川の向こう側」を意味するもので、こちら側が生きた者の世界であるのに対し、向こう側は死者の世界というわけです。その向こう側にいる先祖の霊を慰めるため、彼岸には墓参りに行きます。なお、丁寧に「お」を付けて「お彼岸」と呼ぶのがふつうです。

　5）ひな人形

　ひなとは女の子が遊ぶ小さな人形で、平安時代(794-1185)からありましたが、江戸時代(1603-1867)に現在の形になりました。赤いもうせんを敷いた5段か7段のひな段の最上段に天皇・皇后を模した一対の「内裏びな」が並び、以下「右大臣・左大臣」「三人官女」「五人ばやし」などが各段を飾ります。しかし最近では簡略化して内裏びなだけを飾る家も増えています。

　6）ひな祭り

　ひな祭りは3月3日、女の子の成長や幸福を願う行事です。女の子のいる家庭の多くはひな人形を飾り、桃の花やひなあられ、菱餅、白酒などをひな人形に供えます。ひな祭りの起源は、身のけがれや災いを人形に移し、川に流して厄払いしたという古代中国の風習にあります。これが日本に伝わると女の子の人形遊びと結び付き、江戸時代(1603～1867)からはひな祭りとして行われるようになりました。

新しい文型

「建国」といっても、〜ではありません　　건국이라해도 ~는 아닙니다

〜に基づき　　　　　　　~에 기초하여

春分の日をはさんで　　춘분일을 끼워서(넣어서)

仏教信者でなくても　　불교신자 아니라도

〜には欠かせない　　　~에는 뺄 수 없는

〜に対し　　　　　　　~에 대해서

〜というわけです　　　~인 것입니다

▶ 히나마츠리

　여자 어린이들의 무병장수와 행복을 기원하는 일본의 전통 행사로, 해마다 3월 3일에 열린다. '히나'는 에도시대[江戸時代] 때인 17세기 초부터 일본에서 행해진 히나인형 놀이에서 유래하였다. 3월 3일을 전후해 복숭아 꽃이 피는 까닭에 모모노세쿠라고도 하고, 딸들의 축제라는 뜻에서 온나노세쿠라고도 한다.

　중국의 삼월 삼짇날에 행해지던 액막이 행사가 일본의 히나인형 놀이와 합해져 17세기 중엽부터 전통 행사로 정착된 것으로 추정된다. 이 날이 되기 며칠 전부터 어린 딸을 둔 가정에서는 갖가지 장식을 한 화사한 히나인형과 히나과자, 떡, 복숭아와 복숭아꽃 등을 붉은 천이 넓인 단(壇) 위에 올린다.

　히나인형의 종류와 수량에 따라 적게는 2단에서 많게는 8단에 이르기까지 단의 형식도 다양하다. 보통 최상단부터 천황과 황후, 궁녀, 음악 연주가, 궁정 대신, 종자, 가재도구, 우마차 인형 등의 순으로 배치하지만, 지방에 따라 조금씩 다르다.

　축제 당일이 되면 딸을 둔 가정에서는 온 가족이 모여 음식을 나누어 먹고, 축제가 끝나면 단을 치운다. 이 날 음식을 나누어 먹지 않거나, 축제가 끝났는데도 단을 치우지 않으면 자신의 딸이 늦게 결혼하거나 하지 못한다는 풍습이 전해진다. 히나마츠리와 반대로 해마다 5월 5일 당고[端午] 때는 남자 어린이들을 위한 행사가 열리는데, 이를 고이노보리라고 한다.

建国記念日	けんこくきねんび	건국기념일	故人	こじん	고인
独立記念日	どくりつきねんび	독립기념일	伝統的	でんとうてき	전통적
歴史的	れきしてき	역사적	菓子	かし	과자
初代	しょだい	초대	先祖	せんぞ	선조
天皇	てんのう	천황	一般的	いっぱんてき	일반적
即位	そくい	즉위	和菓子	わがし	일본과자
神話	しんわ	신화	春分	しゅんぶん	춘분
世界大戦	せかいたいせん	세계대전	秋分	しゅうぶん	추분
根拠	こんきょ	근거	真ん中	まんなか	한가운데
中止	ちゅうし	중지	死者	ししゃ	사자
復活	ふっかつ	부활	丁寧に	ていねいに	공손하게
太陽	たいよう	태양	人形	にんぎょう	인형
自然	しぜん	자연	皇后	こうごう	황후
生物	せいぶつ	생물	右大臣	うだいじん	우대신
制定	せいてい	제정	左大臣	さだいじん	좌대신
仏教	ぶっきょう	불교	簡略化	かんりゃくか	간략화
極楽	ごくらく	극락	成長	せいちょう	성장
信者	しんじゃ	신자	幸福	こうふく	행복
墓参り	はかまいり	성묘	桃	もも	복숭아
掃除	そうじ	청소	起源	きげん	기원

2 연습용 단어 : 빈칸에 <よみがな>를 써보자.

建国記念日		건국기념일	故人		고인
独立記念日		독립기념일	伝統的		전통적
歴史的		역사적	菓子		과자
初代		초대	先祖		선조
天皇		천황	一般的		일반적
即位		즉위	和菓子		일본과자
神話		신화	春分		춘분
世界大戦		세계대전	秋分		추분
根拠		근거	真ん中		한가운데
中止		중지	死者		사자
復活		부활	丁寧に		공손하게
太陽		태양	人形		인형
自然		자연	皇后		황후
生物		생물	右大臣		우대신
制定		제정	左大臣		좌대신
仏教		불교	簡略化		간략화
極楽		극락	成長		성장
信者		신자	幸福		행복
墓参り		성묘	桃		복숭아
掃除		청소	起源		기원

MEMO NOTE

일본문화 알기 (4)
(花見、緑の日、憲法記念日、子供の日、七夕)

1) 花見

美しく咲いた桜を観賞し、遊び楽しむため公園などに出かけることを花見といいます。日本では3、4月に桜の花が満開になると、家族や職場の仲間、友人たちと一緒に花見に出かける習慣があるのです。桜の花の下にござなどを敷いて酒を飲んだり、歌を歌ったりして春の到来を楽しみます。都会では特に夜桜見物に人気があります。春の夜空には、満開の桜の美しさがよけいに強調されます。

2) 緑の日

4月29日は緑の日です。この日は亡くなられた昭和天皇の誕生日だったのですが、環境問題に関心の高かった天皇にちなみ、1989年から緑の日として新たに国民の祝日となりました。日本はこの日からゴールデンウィークに入ります。5月3日の憲法記念日、4日の国民の休日、5日の子供の日のほかに土・日曜日も入るため、正月休みと夏休み以外では、いちばん休日が多い週となるのです。

3) 憲法記念日

1947年5月3日に現行の日本国憲法が施行されたことを記念して、国民の祝日として制定されました。日本国憲法は、第2次世界大戦の反省から第9条で戦争放棄を定

め、軍隊を持たないことを規定しています。しかし自衛のための軍隊は許される
とする解釈もあり、現在自衛隊が存在する根拠となっています。平和主義のほか国
民主権、基本的人権の尊重などが日本国憲法の基本精神です。

4）子供の日

5月5日は子供の日です。もともとは端午の節句といって、男の子の成長を祝う日
でしたが、今は一般に子供のためのお祝いの日となっています。この日、男の子の
いる家庭では武者や英雄を模した五月人形を飾ったり、空高く鯉のぼりを立てたり
します。鯉は滝でも泳いで登ってしまう力があり、昔から立身出世のシンボルとさ
れてきたことによります。この日には薬効があるといわれる菖蒲を風呂に入れて入
る習慣が昔からあり、ちまきや柏餅といった伝統的な和菓子も欠かせない供物と
なっています。

5）七夕

七夕は7月7日に行われる星祭りです。天の川を挟んで両岸にさかれたアルタイ
（牽牛星）とベガ（織女星）が年に1度この日の夜に出会う、という中国の伝説が日本の
信仰と一緒になったもので、もとは朝廷の貴族の間で行われていた祭でしたが、江
戸時代（1603～1867）から一般庶民の間に定着しました。

6日の夜には、色とりどりの短冊に願いごとを書いたり、歌を書いたりして笹に
つるし、7日の夜に庭先に出します。夏のクリスマス・ツリーといえるほど美しい
ものです。近年では、仙台や平塚などの市が大規模な飾りを商店街のアーケードに
飾って観光客を集めています。

新しい文型

遊び楽しむ<u>ため</u>　　　놀고 즐기기 위해

<u>～と</u>一緒に　　　~와 함께

天皇<u>にちなみ</u>　　　천황에 덧붙여 (함께, 내친김에, 겸해서)

緑の日<u>として</u>　　　녹색의 날로써

祝日<u>となりました</u>　　　경축일이 되었다

自衛のための　　　자위를 위하여

天の川を挟んで　　　은하수를 사이에 두고

夏のクリスマス・ツリーと<u>いえるほど</u>　　　여름 크리스마스트리라 할 정도로

▶ 칠석축제(七夕)

타나바타 행사는 중국의 키코덴이라는 호시 마츠리에서 유래한다.
옛날, 하늘에 직녀라는 손재주가 능하고, 옷감을 잘 짜는 여인이 있었다.
그런데 견우라는 신랑을 맞이하고 나서부터는 손재주를 소홀히 하고, 옷감을 짜는 것도
게을리 하기 시작했기 때문에 천제가 화가 나서, 견우를 은하수 건너편 강가에 별거시
키고, 일년에 한번 7월 7일 저녁에만 만나게 했다. 그 후 견우는 이 날이 오면 은하를
건너 직녀를 만나러 온다는 전설이 있어, 중국에서는 7월7일에 이 견우와 직녀의 두 별
을 제사 지내 기예의 숙달을 기원하는 키코덴 이라는 행사를 행했다고 전해진다.
　일본에서는 헤이안 시대이래, 궁중의 키코덴은 청량전의 동쪽정원에서 행해졌다고 전
해진다. 이것이 민간에 보급된 것은 에도시대로, 여자아이는 기예의 숙달을 기원하고 남
자아이도 문(文)에 능하게 되기를, 토란잎의 이슬로 먹을 갈아서 탄자쿠 (短冊:글씨를
쓰거나 물건에 매달거나 하기 위한 좁고 긴 종이)에 소원이나 시를 써서 작은 대나무
가지에 매다는 풍습이 있다.

花見	はなみ	꽃구경	規定	きてい	규정
観光	かんこう	관광	自衛	じえい	자위
桜	さくら	벗꽃	解釈	かいしゃく	해석
公園	こうえん	공원	平和主義	へいわしゅぎ	평화주의
満開	まんかい	만개	国民主権	こくみんしゅけん	국민주권
職場	しょくば	직장	基本的な人権	きほんてきなじんけん	기본적인권
仲間	なかま	동료	尊重	そんちょう	존중
習慣	しゅうかん	습관	精神	せいしん	정신
渡来	とらい	도래	武者	むしゃ	무사
都会	とかい	도회	英雄	えいゆう	영웅
夜空	よぞら	밤하늘	立身出世	りっしんしゅっせ	입신출세
強調	きょうちょう	강조	薬効	やっこう	약효
緑	みどり	녹색	風呂	ふろ	목욕탕
環境問題	かんきょうもんだい	환경문제	七夕	たなばた	칠석
憲法記念日	けんぽうきねんび	헌법기념일	伝説	でんせつ	전설
施行	しこう	시행	信仰	しんこう	신앙
制定	せいてい	제정	貴族	きぞく	귀족
反省	はんせい	반성	一般庶民	いっぱんしょみん	일반서민
戦争放棄	せんそうほうき	전쟁포기	定着	ていちゃく	정착
近代	きんだい	근대	商店街	しょうてんがい	상점가

花見		꽃구경	規定		규정
観光		관광	自衛		자위
桜		벗꽃	解釈		해석
公園		공원	平和主義		평화주의
満開		만개	国民主権		국민주권
職場		직장	基本的な人権		기본적인권
仲間		동료	尊重		존중
習慣		습관	精神		정신
渡来		도래	武者		무사
都会		도회	英雄		영웅
夜空		밤하늘	立身出世		입신출세
強調		강조	薬効		약효
緑		녹색	風呂		목욕탕
環境問題		환경문제	七夕		칠석
憲法記念日		헌법기념일	伝説		전설
施行		시행	信仰		신앙
制定		제정	貴族		귀족
反省		반성	一般庶民		일반서민
戦争放棄		전쟁포기	定着		정착
近代		근대	商店街		상점가

# MEMO NOTE

일본문화 알기 (5)
(花火大会、お盆、終戦記念日、敬老の日、文化の日、
七五三、年越しそば、大晦日)

1) 花火大会

花火大会は夏の代表的な風物です。江戸時代(1603〜1867)に江戸(現在の東京)の隅田川で、玉屋と鍵屋という花火メーカーが競って打ち上げた花火大会がその起源です。夏には各地で花火大会が行われます。日本の夏は暑く、湿気が多いので、眠れぬ夜の慰みにふさわしいにぎやかな催しです。夜空に美しく咲いてパッと消える様子は、桜と同様、潔さや無常の象徴にたとえられます。

2) お盆

7月13日から15日、または8月に行われる仏教行事の1つで、先祖の霊を供養するものです。このときに霊が戻ってくるといわれているため、霊が道に迷わないよう家の門口で迎え火をたいたり、室内にちょうちんをともしたりするほか、仏壇をきれいにし、野菜や果物などの供物を飾ります。そして盆が終わると霊を送り返します。これを精霊送りといい、送り火を門口でたき、供物を川や海に流すのです。

3) 終戦記念日

第2次世界大戦は、連合国のポツダム宣言を日本が受諾し、無条件降伏をしたことによって終了しました。1945年8月15日、天皇がラジオ放送で日本国中にそのこ

とを伝えたのです。現在ではこの日を<u>終戦記念日として</u>、戦没者を慰霊する行事が
各地で行われています。悲惨な戦争の記憶を後世に伝え、2度と戦争を<u>繰り返して
はならない</u>、という決意を新たにする日でもあります。

4) 敬老の日

9月15日は敬老の日で、国民の祝日です。老人を敬い、<u>長寿を祝うとともに</u>、今
後の健康を祈り、さらには<u>老人福祉の問題に対する</u>理解を深める日でもあります。
　この日には、地方自治体や敬老会などが<u>演芸会をはじめ</u>さまざまな催しを開いた
り、記念品を贈呈したりします。有志による老人ホームの慰問も行われます。世界
一の長寿国として、これから重要な日になることでしょう。

5) 文化の日

　文化の日は11月3日です。もとは明治天皇の誕生日を祝うための日でしたが、現
在では「自由と平和を愛し、文化をすすめる」ための国民の祝日となっています。こ
の日には文化祭や芸術祭などが各学校や地域で開催されるとともに、日本文化に貢
献した人たちには政府から文化功労賞が授与され、特に文化の発展に尽くしたとさ
れる人には皇居で文化勲章が授与されます。

6) 七五三

　11月15日に子供の成長を祈って行う行事です。日本では奇数はめでたい数とされ
てきたため、<u>子供の成長にとって大切な時期の奇数年</u>、すなわち男の子は3歳と5
歳、女の子は3歳と7歳に祝うのです。この日、子供たちは晴れ着を着て両親と神社
に行き、氏神に参詣します。子供たちには千歳飴という、鶴や亀の描かれた袋に

入った紅白の細長い飴が買い与えられます。「千歳」は千年を意味し、鶴も亀も日本では長寿の象徴です。また赤と白は日本人にとってめでたい色の組み合わせで、ここには子供の健康と成長への祈りが込められているのです。

7) 年越しそば

大晦日に年越しそばを食べる習慣は江戸時代(1603〜1867)以降広まりました。この起源は大晦日の大掃除の際、金細工師が仕事場に飛び散った金粉をそばを練った団子で集め、それを火鉢で焼いて金粉を取ったことにあります。このためそばは金を集めるといわれ、大晦日にそばを食べる風習ができたようです。しかし今では、そばのように細く長くという長寿の願いを込めて食べます。

8) 大晦日

1年の最後の日、12月31日を大晦日といいます。新しい年を気持ちよく迎えるため、家中の大掃除、畳や障子の張替などはこの日までに済ませておき、帰省してきた家族をも交え、一家だんらんのうちに正月を迎えます。

夜の12時近くなると、全国の寺では除夜の鐘をつき始めます。仏教の教えによれば人間には108の煩悩があり、除夜の鐘を108回つくことによって、その煩悩を取り除くのです。そして人々は除夜の鐘の音を聞きながら、翌年の健康や長寿を願って年越しそばを食べます。

<http://www.japanlink.co.jp/ka/>

新しい文型

競って打ち上げた	경쟁해서 쏘아올린
慰みにふさわしい	위로에 어울리는
道に迷わないよう	길을 잃지 않도록
無条件降伏をしたことによって	무조건 항복함으로써
終戦記念日として	종전 기념일로써
繰り返してはならない	반복해서는 안된다
長寿を祝うとともに	장수를 축하함과 함께
老人福祉の問題に対する	노인복지 문제에 대한
演芸会をはじめ	연예회(위문공연, 연예인공연)를 시작으로
子供の成長にとって	애들의 성장에 따라
風習ができたようです	풍습이 생긴 것 같다
仏教の教えによれば	불교 가르침에 의하면
鐘の音を聞きながら	종소리를 들으며

▶ 시치고상(七五三)

　시치고상은 달력 나이로 3세와 5세의 남자 아이, 3세와 7세의 여자 아이에게 나들이 옷을 입혀서 신사에 참배하는 축하일로, 11월 15일에 행해진다. 에도시대의 무가사회의 관습이 일반화된 것으로, 당시 무가의 자녀는 3세에 남녀 모두 처음으로 머리를 늘어뜨리는 「카미오케의 의식」을 행하고, 그 후 남아는 5세가 되면 처음으로 하카마를 입는 「하카마의 의식」 여아는 7세가 되면 처음으로 히모(띠)를 풀로 정식으로 오비(띠)를 하는 「띠풀기 의식」을 행하였다.

花火大会	はなびたいかい	불꽃대회	芸術祭	げいじゅつさい	예술제
代表的	だいひょうてき	대표적	地域	ちいき	지역
風物	ふうぶつ	풍물	開催	かいさい	개최
起源	きげん	기원	貢献	こうけん	공헌
各地	かくち	각지	功労賞	こうろうしょう	공로상
湿気	しっけ	습기	勲章	くんしょう	훈장
象徴	しょうちょう	상징	授与	じゅよ	수여
終戦記念日	しゅうせんきねんび	종전기념일	奇数	きすう	홀수
供養	くよう	공양	象徴	しょうちょう	상징
仏壇	ぶつだん	불단	金細工	きんさいく	금세공
連合国	れんごうこく	연합국	風習	ふうしゅう	풍습
戦没者	せんぼつしゃ	전몰자	無条件降伏	むじょうけんこうふく	무조건항복
悲惨な戦争	ひさんなせんそう	비참한전쟁	成長	せいちょう	성장
敬老	けいろう	경로	亀	かめ	거북이
老人福祉	ろうじんふくし	노인복지	鶴	つる	학
地方自治体	ちほうじちたい	지방자치체	紅白	こうはく	홍백
贈呈	ぞうてい	증정	仕事場	しごとば	일터
慰問	いもん	위문	発展	はってん	발전
長寿国	ちょうじゅこく	장수국	果物	くだもの	과일
文化祭	ぶんかさい	문화제	決意	けつい	결의

2 연습용 단어 : 빈칸에 <よみがな>를 써보자.

花火大会		불꽃대회	芸術祭		예술제
代表的		대표적	地域		지역
風物		풍물	開催		개최
起源		기원	貢献		공헌
各地		각지	功労賞		공로상
湿気		습기	勲章		훈장
象徴		상징	授与		수여
終戦記念日		종전기념일	奇数		홀수
供養		공양	象徴		상징
仏壇		불단	金細工		금세공
連合国		연합국	風習		풍습
戦没者		전몰자	無条件降伏		무조건항복
悲惨な戦争		비참한전쟁	成長		성장
敬老		경로	亀		거북이
老人福祉		노인복지	鶴		학
地方自治体		지방자치체	紅白		홍백
贈呈		증정	仕事場		일터
慰問		위문	発展		발전
長寿国		장수국	果物		과일
文化祭		문화제	決意		결의

제2편

• 일본어능력시험 1·2급 기능어 분야별 모음 •

　일본어 기능어는 국제교류기금 및 일본어 국제교육협회가 일본어 능력시험 문법 출제 기준 1급·2급용으로 공개한 것을 기준으로 한 것이며 ※표시는 2급 대비용, 표시가 없는 것은 1급 기준 임을 나타낸다. 특히 여기에 제시된 것은 분야별로 되어있어 능력 시험 공부 외에도 일본어 학습 전반에 걸쳐 큰 도움이 되리라 생각하며 분야별 기능어 를 확실히 익혀 일본어 어휘력을 한 단계 업그레이드 시키길 바라마지 않는다. 제시된 문형은 目黒真実 선생님의 "機能別日本語表現文型"에 의한 것으로 자료를 사용할 수 있게 해주신 目黒真実 선생님께 깊은 감사를 드리는 바이다.

≪1≫ 문중(文中)에서 조사 역할을 하는 기능어

1. 주제지시 · 설명

※ ～というのは

　　　　* 東大というのは東京大学のことだ。＜～略だ/意味だ＞

　　　　東大라는 것은 東京大学을 말한다

※ ～というものは

　　　　* 幸せというものは自分の力でつかむものだ。

　　　　행복이란 것은 자기의 힘으로 움켜쥐는 것이다

※～といえば

  * 現代の生活は便利といえば便利だが、しかし
  …＜AといえばA＞
  현대의 생활은 <u>편리하다면</u> 편리하지만 그러나..
  ＜A라면 A이지만＞

※～というと

  * この仕事ができるというと、彼しかいませんね。
  이 일을 할 수 <u>있는 것은</u> 그 밖에 없다

※～といったら

  * 知らないと言ったら、絶対知らない。

  ＜AといったらA＞
  모른다고 <u>했</u>으면 절대 모른다

※～ときたら

  * この子ときたら、遊んでばかりで宿題もしない。
  이 <u>애라면(항상)</u> 놀기만 하고 숙제도 안한다

※～とは

  *こんなに難しいとは、思っても見なかった。
  이렇게 어려울<u>거라고는</u> 생각도 못했다

※～など/～なんか/～なんて

  * お前なんかの顔も見たくない。
  너 <u>따위</u> 얼굴도 보고 싶지 않다

～ともなると/～ともなれば

  * 11月末ともなると、さすがに寒くなる。
  11월 <u>말이 되면</u> 역시 추워진다

～となっては～ない

      ＊ 今となっては、取り返しがつかない。

      지금에 <u>와서는</u> 만회가 <u>안된다</u>

～に至ると／～に至っては

      ＊ 孫に至っては、おばあちゃんの名前も知ら ない。

      손자에 <u>이르러서는</u> 할머니 이름도 모른다

2. 장소

※～において／～にて

      ＊ 北京において世界卓球大会が開かれた。

      북경에서 세계 탁구대회가 열렸다

※～の下で／～の下に

      ＊ 共産党の指導の下で、中国革命は実現した。

      공산당 지도<u>하</u>에서 중국혁명은 실현되었다

～にあって

      ＊ 人身売買は過去にあっては普通のことだった。

      인신매매는 과거<u>에 있어서</u> 보통의 일이었다

※ ～として

    * 彼は外科医としての腕は一流だ。

    그는 외과의로써 솜씨는 일류다

※ ～にとって/～にとり

    * 私にとって何より大切なのは家族です。

    내게 있어서 무엇보다 중요한 것은 가족이다

※ ～にしたら/～にすれば

    * 親にすれば、子供の成長こそ生き甲斐だろう。

    부모로서는 애들 성장이야말로 생의 보람일 것이다

～にしてみれば ～로써는, 입장에서는

    * 彼にしてみれば、そうするしかなかったんだ。

    그의 입장에서는 그럴 수밖에 없었던 것이다

※ ～から見ると(～見れば/見て)

    * 外国人から見るとアメリカ人の習慣には理解しにく

    い面もある。

    외국인 입장에서보면 미국인의 습관은 이해하기 어려운

    면도 있다

※ ～からすると(～すれば/して)

    * 世論調査からして、○○党が圧勝するだろう。

    여론조사로보면 ○○ 당이 압승할것이다

※ ～から言うと(～言えば/言って)

      * 給料と言う点から言えば、不満はないのだが。

      급료라는 면에서보면 불만은 없지만...

※ ～を～として

      * 彼を次期社長候補として推薦しよう。

      그를 차기 회장 후보로 추천하자

  ～に(～として)あるまじき

      * 診断書偽造など、医者にあるまじき行為だ。

      진단서 위조 등 의사로써 해서는 안되는 행위다

4. 내용・대상・방면

※ ～について/～についての

      * 日本についてどう思いますか。

      일본에 대해서 어떻게 생각합니까?

※ ～に関して/～に関する

      * これまで話してきたことに関して、質問は?

      지금까지 이야기 해온 것에 관해서 질문은?

※〜をめぐって/〜をめぐる

    * 親の遺産をめぐって兄弟が争った。

    부모님의 유산을 둘러싸고 형제가 다퉜다

※〜を中心に(して/する)

    * この点を中心に、半径3センチの円を描け。

    이 점을 중심으로 반경 3센치 원을 그려라

※〜に対して/〜に対する

    * それが親に対して言う言葉か!
    그것이 부모에 대해 할 말인가?

※〜にかけては

    * スキーにかけては、自信があります。
    스키 만큼은(한해서는) 자신이 있습니다

5. 대응·기준·근거

※〜に応じて/〜に応じた

    * お金はあなたの必要に応じ、私が準備しよう。
    돈은 당신의 요구에 따라 내가 준비하겠다

※ ~にこたえて/~にこたえ

    * 声援に応えて、地元チーム は見事優勝した。

    성원에 의해 현지 팀은 보기 좋게 우승했다

※ ~によって/~による

    * 相手によって方法を変えることが大切だ。

    상대에 따라 방법을 바꾸는 게 중요하다

※ ~によると/~によれば

    * 噂によると、近々人事異動があるらしいです。

    소문에 의하면 머지않아 인사이동이 있을 것 같다

※ ~に基づいて/~に基づく

    * この小説は事実に基づいて書かれた。

    이 소설은 사실에 기초하여 쓰여졌다

※ ~次第で(は)   * 金額次第では売ってもいいですよ。

    금액 여하에 따라 팔아도 좋다

※ ~に沿って/~に沿った

    * 規定方針に沿って進む。

    기정방침에 따라 진행하겠다

※ ～をきっかけに(して)

* 旅行をきっかけに、中国語の勉強を始めた。

여행을 계기로 중국어 공부를 시작했다

※ ～を契機に(して)

* 株価の暴落を契機に、大恐慌が始まった。

주가 폭락을 계기로 대공황이 시작되었다

～を皮切り(して)

* 東京を皮切りに、全国に支店網を広げた。

도쿄를 시작으로 전국에 지점망을 확대했다

※ ～から～にかけて

* 今月10日から20日にかけて学会が開かれる。

이번달 10일부터 20일에 걸쳐 학회가 열린다

※ (～から)～にわたって

* 関東一帯にわたって、地震が発生しました。

관동 일대에 걸쳐 지진이 발생했다

※ ～を通じて

* 京都は四季を通じて観光客が途絶えない。

쿄토는 사계절을 통해 관광객이 끊이질 않는다

※ ～限りでは

   * 我の知る限りでは、彼はこの事件に無関係だ。

   내가 <u>아는</u> 한 그는 이 사건과 무관계하다

 ～から～に至るまで

   * 頭から爪先に至るまで、びしょ濡れになった。

   머리부터 발톱 끝에 이르기까지 흠뻑 젖었다

※ ～きり～ない

   * 彼とは去年会ったきり、その後 会っていない。

   그와는 작년에 <u>만난뒤</u> 그 후 안 만났다

 ～が最後/～たら最後

   * アルコール依存症になったが最後、やめるのは困難だ。

   알콜 의존증이 되면(한번 했다하면) 끊는 것은
   곤란하다

 ～を限りに

   * 今日を限りに、あなたとは絶交します。

   <u>오늘을 끝으로</u> 너와는 절교한다

 ～でもって/～をもって

   * これでもって(～をもって)、私の挨拶を終わります。

   <u>이로써</u> 나의 인사는 끝내겠습니다

※ ～を通して

    * 書物を通して得た知識だけでは役に立たない。

        책을 통해서 얻은 지식만으로는 도움이 안된다

※ ～によって

    * 話し合いによって解決する。

        서로 대화함으로써 해결된다

～をもって/～でもって

    * 拍手をもって(～でもって)二人を迎えよう。

        박수로 두 사람을 맞이하자

～をもってすれば

    * 現代医学をもってすれば結核は容易に治せる。

        현대의학으로 하면 결핵은 쉽게 치료할 수 있다

～をもってしても

    * 現代医学をもってしてもエイズは治せない。

        현대의학으로해도 에이즈는 치료가 안된다

～を経て

    * 香港を経て広州行きの便に乗る。

        홍콩을 거쳐 광주행 비행기를 탄다

※～につれて/～につれ

    * 試合が近づくにつれ、練習は厳しさを増した。

       시합이 다가옴에 따라 연습 강도(엄함)를 늘렸다

※～に従って/～に従い

    * 年をとるに従って、物忘れがひどくなった。

       나이를 먹음에 따라 기억력 쇠퇴가 심해졌다

※～に伴って/～に伴い

    * 株価下落に伴う損失が異常なまでに膨らんだ。

       주가하락에 따른 손실이 비정상으로 커졌다

※～とともに

    * 卒業はうれしいとともに、少し寂しくもある。

       졸업은 기쁨과 함께 약간 쓸쓸해지기도 한다

※(～ば)～ほど

    * 読めば読むほど味のある文章だ。

       읽으면 읽을수록 맛이 나는 문장이다

  (～ば)～だけ

    * 苦しみが多ければ多いだけ、成就したときの 喜びも
大きい。

       고통이 많으면 많을수록 성취했을 때의 기쁨도 크다

※ ～こそ

* ありがとう。これこそ私が探していた物です。

고맙다. <u>이것이야말로</u> 내가 찾고 있던 것이다

※ ～ことに(は)

* 驚いたことには、彼には隠し子がいた。

<u>놀랍게도</u> 그에게는 숨겨진 자녀가 있었다

※ ～さえ／～でさえ

* 大学教授でさえ、この問題ができなかった。

대학교수<u>조차</u> 이 문제를 풀 수 없었다

～すら／～ですら

* 親にすら話せない悩みを子ども達は抱えている。

부모에게<u>조차</u> 말할 수 없는 고민을 애들은 안고 있다

～だに

* それは想像だにできない不思議な世界だった。

그것은 상상<u>조차</u> 할 수 없는 이상한 세계였다

～まで

* 君までこの僕を裏切る気か。

<u>너마저</u> 나를 배신할 마음인가

～てまで

* 裏金を使ってまで、息子を大学に入れたいのか。

부정한 돈을 <u>써서까지</u> 아들을 대학에 넣고 싶은가?

～たりとも

    * 一円たりとも無駄に使うな。

    <u>1엔일지라도</u> 함부로 쓰지마

～として～ない

    * 一人として知る者はいなかった。

    한사람<u>이라도</u> 아는자는 <u>없었다</u>

～としたところで/～にしたところで<≠接助>

    * 君としたところで、責任がないわけではない。

    <u>너라해서</u> 책임이 없는 것은 아니다

～としたって/～にしたって<≠接助>

    * 君としたって同罪だ。

    <u>너 역시</u> 같은 죄다

※～だけ

    * これだけ言っても分からないのか。

    <u>이만큼</u> 말해도 모르겠는가?

※～だけのN

    * 生活できるだけのお金があればいいのです。

    <u>생활할 수 있는 만큼의</u> 돈이 있으면 되는 것이다

※～ほど

    * おいしくて、ほっぺたが落ちるほどだった。

    맛있어서 둘이 먹다 하나죽어도 모를 <u>정도였다</u>

※ ～ほど～はない

    ＊ 自分の家ほど気の休まるところはない。

    자기 <u>집만큼</u> 편한 곳은 <u>없다</u>

※ ～ぐらい

    ＊ 朝起きたら、顔ぐらい洗えよ。

    아침에 일어나면 <u>세수 정도</u>는 해라

※ ～ぐらい～はない

    ＊ あなたぐらい非常識（ひじょうしき）な人はいない。

    <u>너만큼</u> 비상식적인 사람은 <u>없다</u>

～と(言わん)ばかりに

    ＊ 死ねと(言わん)ばかりに殴（なぐ）りつけられた。

    <u>죽어버려 라고 하는 양</u> 팼다

～んばかり(に/のN)

    ＊ 飛び上がらんばかりに喜んだ。

    <u>뛰어오를듯이</u> 기뻐했다

※ ～からして

    ＊ 彼の態度（たいど）からして気に入らない。

    그의 태도<u>부터가</u> 맘에 안든다

～にして

    ＊ ローマは一日にして成（な）らず。

    로마는 하루 <u>아침에</u> 이뤄지지 않는다

～にして、はじめて

    ＊ これだけの作品は彼にして初めてできる。

    이 만한 작품은 <u>그로인해 비로소</u> 가능하다

～ともあろう者が

    * 君ともあろう者が、何故こんな失敗をしたのか。

    자네같은 사람이 무슨이유로 이런 실패를 했는가?

～たる者

    * 学生たる者は、勉学を第一と考えるべきだ。

    학생인 자는 면학을 제일로 생각해야할 것이다

10. 한정・비한정

※ ～だけ

    * あなただけが頼りです。

    너만 믿는다

※ ～のみ

    * 信じられるのは、お金のみだ。

    믿을 수 있는 것은 돈뿐이다

※ ～に限って/～に限り

    * うちの子に限って、万引きなどするはずがない。

    우리애 만큼은 훔치는 일을 안 할 것이다

～ならでは

    * この店ならではのこくのある味だ。

    이 <u>가게만이</u> 낼 수 있는 감칠맛이다

※～ばかりでなく～も

    * 彼女は歌ばかりでなく、ピアノも上手だ。

    그녀는 <u>노래뿐 아니라</u> 피아노도 잘친다

※～ばかりか～も

    * 戦争は家財産ばかりか、尊い人命さえ奪い去った。

    전쟁은 <u>재산뿐아니라</u> 귀중한 <u>인명조차</u> 앗아갔다

※～のみならず(～だけでなく)～も

    * 女性のみならず男性まで、化粧をする時代だよ。

    <u>여성뿐 아니라 남성까지</u> 화장을 하는 시대다

※～に限らず～も

    * 仕事に限らず、趣味も人間を磨くものだ。

    <u>일뿐 아니라 취미도</u> 인간(의 수양)을 연마해주는
    것이다

※～はもとより(～もちろん)～も

    * 彼はもとより、先生も僕の意見に賛成している。

    <u>그는 물론</u> 선생님도 나의 의견에 찬성이다

～は言うまでもなく～も

     * 成績は言うまでもなく、指導力でも優れるている。

     성적은 <u>말할 것도 없고</u> 지도력도 뛰어나다

～は言うに及ばず～も

     * 英語は言うに及ばず、ロシア語もぺらぺらです。

     영어는 <u>말할 것도 없고</u> 러시아어도 유창하다

～はおろか～も

     * 子供はおろか大人さえ、テレビゲームに夢中だ。

     애는 <u>물론</u> 어른조차 텔레비전게임에 열중이다

11. 열거・첨가・반복・예시

※ ～につけ～につけ

     * 雨につけ風につけ、彼は働き続けた。

     <u>비가 내리든 바람이 불든</u> 그는 계속 일했다

※ ～にしても～にしても

     * するにしてもしないにしても、君が決めればいい。

     <u>하든 말든</u> 니가 정하면 된다

※ ～にせよ～にせよ

     * 花にせよ動物にせよ、水がなければ生きられない。

     <u>꽃이든(이건) 동물이든(이건)</u> 물이 없으면 살 수 없다

※ ～にしろ～にしろ

       * 行くにせよ行かないにせよ、早く決めてください。

       <u>가든 안가든</u> 빨리 정해 주십시오

～であれ～であれ

       * 男であれ女であれ、人であることにかわりはない。

       <u>남자건(든) 여자건(든)</u> 사람인 이상 마찬가지다

～といい～といい

       * 容姿といい知性といい、申し分のない女性だった。

       <u>생김새건 지성이건</u> 더할 나위 없는 여성이었다

～といわず～といわず

       * 日本酒と言わずビールと言わず、酒には目がない。

       <u>일본술이든 맥주든간에</u> 술에는 사족을 못쓴다

※ ～も～し、～も

       * 彼は頭もいいし、スポーツも万能だ。

       그는 <u>머리도 좋고 스포츠도</u> 만능이다

※ ～も～ば、～も～

       * 僕には夢もなければ希望もない。

       나는 <u>꿈도 없고 희망도</u> 없다

※ ～も～なら、～も～

       * 子も子なら、親も親だ。非常識極まる。

       <u>애도 애지만</u> 어른도 어른이다. 비상식의 극치다

※ ～うえ(に)

* 彼はハンサムな上に、スポーツ万能だ。
그는 잘생긴데다가 스포츠도 만능이다

※ ～に加えて/に加え

* この店はうまいのに加えて安いときている。
이 집은 <u>맛있는데다가</u> 값도 싸다

～と～が相まって

* 才能と努力が相まって、彼は成功した。
재능과 노력이 <u>맞물려</u> 그는 성공했다

※ ～をはじめ(として)

* 寿司をはじめ天ぷらなどが日本食の代表だ。
스시를 <u>비롯하여</u> 튀김 등이 일본요리의 대표다

※ ～たり～たりする

* 昨日は掃除をしたり洗濯をしたりしました。
어제는 청소를 <u>하기도</u> 하고 빨래를 <u>하기도</u> 했다

※ ～とか～とか ぎろん

* 正しいとか間違っているとか、議論百出でした。
<u>바르다던가</u> <u>틀렸다든가</u> 하는 얘기로 의논이 분분했다

※ ～やら～やら

* 泣くやら騒ぐやら、それは大変だったんですよ。
<u>울랴</u> 소란 떨랴 대단했었다

～だの～だの

    * ああだのこうだのと文句ばかり並べる。

    이러쿵 저러쿵 불만만 늘어놓는다

～つ～つ

    * 抜きつ抜かれつの大接戦でした。

    뺏고 뺏기는 대접전이었다

～ては/～ては～ては

    * 朝起きては会社に行き、帰っては寝るだけの毎日です。

    아침에 일어나서는 회사에가고 돌아와서는 잠만 자는
    매일이다

～に～て

    * 走りに走って、やっと追いついた。

    뛰고 뛰어서 겨우 추격했다

※ ～ような

    * お前のような馬鹿は見たことがない。

    너 같은 바보는 본적이 없다

※ ～という/～といった

    * 上海といった大都市は、ゴミ問題が深刻だ。

    상해와 같은 대도시는 쓰레기 문제가 심각하다

～なり（と/とも）

    * 明日になり（と）、もう一度お電話ください。

    내일이 되면 다시한번 전화주세요

※ ~のやら~のやら

    * 行くのやら行かないのやら、はっきりしない。

      <u>갈지 안갈지</u> 확실히 해라

※ ~(よ)うか~まいか

    * 国に帰ろうか帰るまいか、今迷っているんです。

      고향에 <u>돌아갈지 말지</u> 지금 고민 중이다

~か、或は(または)

    * ここにはペンか、或いはボールペンで書いてください。

      여기에는 펜 <u>또는</u> 볼펜으로 써주십시요

~なり~なり

    * お茶なりコーヒーなり、お好きなものをどうぞ。

      <u>차든 커피든</u> 좋은 것을 드세요

~か否か

    * 説得できるか否かは、君の熱意にかかっている。

      <u>설득할 수 있을지 여부는</u> 너의 열의에 달렸다

~如何で(~如何によって)

    * 合否は君の努力如何によって決まる。

      합격 불합격은 너의 노력 <u>여하에</u> 결정된다

※～に(～も)かまわず

    * 彼女は人目もかまわず、泣きじゃくっている。

    그녀는 남의 눈도 <u>의식안하고</u> 울고만 있다

～を顧みず

    * 人の迷惑も顧みず、図書館で騒いでいる。

    남의 피해도 <u>생각지 않고</u> 도서관에서 떠들고 있다

～をよそに

    * 親の心配をよそに、息子は遊び呆けている。

    부모님 걱정은 <u>안중에 없이</u> 아들은 노는데 정신이 팔렸다

～をものともせず(に)

    * 危険をものともせず、遭難者救助に向かった。

    <u>위험을 무릅쓰고</u> 조난자는 구조하러 갔다

※～に関わらず/～に関わりなく

    * 行く行かないに関わらず、参加費はもらう。

    가든 안가든 <u>상관없이</u> 참가비는 받는다

※～を問わず/～は問わず

    * 社員募集。経験の有無・年齢は問わず。

    사원모집. 경험유무・<u>연령불문</u>

～如何によらず(～関わらず)

 * 結果の如何に関わらず、全力を尽くせばいい。

 결과여하에 관계없이 전력을 다하면 된다

～(よ)うが～まいが

 * 死のうが死ぬまいが、俺の知ったことか。

 죽든 말든 내 알바 아니다

～(よ)うと～まいと

 * 君が反対しようがすまいが、決定は変わらぬ。

 니가 반대하건 말건 결정은 변하지 않는다

～によらず

 * 何事によらず忍耐が大切だ。

 무슨일이든 인내가 중요하다

※～を除いて

 * 試験は一問を除いて全てできた。

 시험은 한 문제를 빼고 모두 풀었다

※～抜きで/～抜きに(して)

 * 朝食抜きで出勤するサラリーマンが多い。

 아침 거르고 출근하는 샐러리맨이 많다

※～抜きでは(～抜きには)～ない

 * 君の協力を抜きには、この計画は実現しない。

 너의 협력 없이는 이 계획은 실현되지 않는다

※ ～は別にして(～は別として)

       * 出来の善し悪しは別として君の努力は認める。

       결과의 좋고나쁨은 <u>별도로 하더라도</u> 너의 노력은
인정한다

※ ～はともかく(として)

       * 成績はともかくとして、真面目な学生です。
       성적은 <u>어찌 되었든간에</u> 착실한 학생이다

   ～はともあれ

       * 容姿はともあれ、気だてのいい娘さんです。
       생김새는 <u>어찌 되었든</u> 마음씨 착한 아가씨다

   ～はさておいて

       * 冗談はさておいて、本題に戻ろう。

       농담은 접고 본제로 돌아가자

14. 비교 · 대비

※ ～というより、(むしろ)

       * 彼は天才と言うより、むしろ狂人に近いね。

       그는 <u>천재라고하기보다</u> 차라리 광인에 가깝다

※~に比べて/~に比べ

      * 君に比べ、彼女の方がずっと思いやりがある。
        너에 비해 그녀 쪽이 훨씬 배려심이 있다

  ~にもまして

      * 昨年にもまして景気は悪くなっている。
        작년보다 한층 경기는 나빠지고있다

  ~に(も)なく

      * 今日の君はいつになく美しいね。
        오늘 너는 평소보다(전에 없이) 아름답다

15. 대립・반대・의외

※~ものの

      * 豊かとは言えないものの、何とか暮らしている。
        풍요롭다고는 못하지만 그럭저럭 살고 있다

※~ながら(も)

      * 才能がありながらも、チャンスに恵まれない人もいる。
        재능이 있으면서 찬스에 약한 사람도 있다

※~つつ(も)

      * 体に悪いと知りつつ、タバコがやめられない。
        몸에 안좋은줄 알면서 담배를 끊을 수 없다

※ ～と(は)言っても

    * 春と言ってもまだ肌寒い3月のことでした。

    봄이라고는 해도 아직 쌀쌀한 3월이었다

 ～とは言え

    * 大学生になったとは言え、まだまだ子どもだよ。

    대학생이라고는 해도 아직 어린애다

 ～ことは(～には)～が

    * その小説は読んだことは読んだが、おもしろくなかったよ。

    그 소설 읽기는 읽었지만 재미없었다

 ～ないまでも

    * 百点とは言わないまでも、せめて60点は取ってくれ。

    백점이라고는 말못해도 (안 바래도) 적어도 60점은 따줘라

 ～もさることながら

    * 結婚は愛情もさることながら、経済も重要だ。

    결혼은 애정도 필요하지만 경제도 중요하다

※ ～(の)に反し(て)

    * 予想に反して、日本チームは負けてしまった。

    예상과 반대로 일본 팀은 져버렸다

※ ～(の)に対して(て)

    * 需要に対し供給が不足し、物価高騰を招いた。

    수요에 대해 공급이 부족하여 물가폭등을 초래했다

※〜反面(はんめん)

    * 現代は生活が豊かになった半面、人々は助(たす)け合(あ)う心を失(うしな)った。

        현대는 생활이 풍요로워진 <u>반면</u> 서로 돕는 마음을 잃었다

  〜(の)にひきかえ

    * 姉にひきかえ妹は、家の手伝いを全(まった)くしない。

        <u>언니에 비해</u> 동생은 집안일을 전혀 안한다

※〜(か)と思うと

    * 泣くかと思うと、なんと笑い出した。

        <u>우는가 했더니</u> (세상에) 웃기 시작했다

※〜(か)と思ったら

    * 後ろ姿(すがた)を見て男かと思ったら、なんと女だった。

        뒷모습을 보고 <u>남자인가 했더니</u> (세상에 / 맙소사) 여자였다

  〜(か)と思いきや

    * 不合格と思いきや、なんと合格通知(つうち)が来た。

        불합격이라고 <u>생각했는데</u> 뜻밖에 합격통지가 왔다

※〜どころか

    * 独身どころか、彼女は三人の子持ちだよ。

        <u>독신은 커녕</u> 그녀는 애가 3명이다

※ ～た ところが

　　　　＊ 切符を買おうとしたところが、財布がなかった。
　　　　　　차표를 <u>사려고 했으나</u> 지갑이 없었다

16. 회수 · 간격 · 비율

※ ～毎に

　　　　＊ 二駅毎にトイレがある。＜二駅に一つ＞
　　　　　　<u>두 역마다</u> 화장실이 있다 ＜두 역에 하나＞

※ ～おきに

　　　　＊ 二駅おきにトイレがある。＜三駅に一つ＞
　　　　　　<u>두 역 걸러</u> 화장실이 있다 ＜세 역에 하나＞

※ ～につき／～に対し／～あたり

　　　　＊ 一人に三個 ／ 一人につき三個 ／ 一人対し三個
　　　　　　<u>한사람에</u> 3개 ／ <u>1인당</u> 3개 ／ <u>1인에 대해</u> 3개

※ ～際(に/は)

    ＊ お出かけの際は、戸締まりをお忘れなく。

       외출시에는 문단속을 잊지 말도록

※ ～折り(に/は)

    ＊ 近くにお越しの折りは、是非お立ち寄りください。

       근처에 오실 때는 꼭 들려주십시오

※ ～ところに/～ところで

    ＊ 食事をしているところに、会社から電話がかかってき
た。

       식사하고있는 참에 회사에서 전화가 걸려왔다

※ ～ところを

    ＊ お忙しいところを申し訳ありませんが、…
       바쁜데 죄송합니다

※ ～間(に/は)

    ＊ 子供が寝ている間に、買い物に行ってくる。
       애가 자는 사이에 쇼핑하러 갔다온다

※～うち(に/は)

* 音楽を聴いているうちに、眠くなった。

음악을 듣고 있는 사이에 졸렸다

※～ないうち(に/は)

* 冷めないうちに召し上がれ。

식기 전에 드셔요

※～最中(に/は)

* 食事の最中に来られて困ったよ。

한참 식사 중에 와서 곤란했다

～中(に/は)

* 仕事中に電話はかけてくるな 。

업무중에는 전화 하지마

※～上で

* この件に関しては、上司と相談した上で決めさせてく

ださい。

이 건에 관해서는 상사와 의논한 뒤 결정하게 해주세요

※～て以来/～てこのかた

* 君と会うのは、卒業して以来だねえ。

너랑 만난 것은 졸업한 이후 처음이다

～てからというもの

  * 退職してからというもの、父はすっかり老け込んだ。

  퇴직하고나서 아버지는 완전히 늙었다

※ ～あげく～した

  * やせるためにダイエットし過ぎたあげく、病気になった。

  살빼기 위해 다이어트를 심하게한 끝에 병에 걸렸다

※ ～末(に)～した

  * 苦心の末に、やっと卒業論文を書き上げた。

  고생 끝에 간신히 졸업논문을 완성했다

※ ～た　ところ～した

  * 彼に尋ねたところ、やはり知らないとのことでした。

  그에게 물어본 결과 역시 모른다는 것이다

※ ～に当たって/～に当り

  * 開会に当たり、司会の方から一言ご挨拶を。

  개회에 앞서 사회자가 한마디 인사말씀을...

※ ～に際して/～に際し

  * 出発に際し、荷物の点検を忘れるな。

  출발시에 짐 점검을 잊지마

※ ～に先だって/～に先立つ

    * 試合に先立ち、注意を与えておく。
    시합에 앞서 주의를 해둔다

～を目前にして/～を前に

    * 卒業式を目前にして(～を前に)、彼女は自殺した。
    졸업식을 목전에 두고 그녀는 자살했다

～を～に控えて

    * 試験を二日後に控えて、みんな緊張しているようだ。
    시험을 2일 앞두고 모두 긴장하고 있는 것 같다

～間際に

    * 死ぬ間際に、父は遺言を残した。
    죽기 직전에 아버지는 유언을 남겼다

～きわに/～ぎわに

    * 別れぎわに、彼は「10年後に会おう」と言った。
    헤어질 때 그는 10년후에 만나자고했다

～しなに

    * 寝しなに軽くウイスキーを飲むとよく眠れる。
    자기 전에 가볍게 위스키를 마시면 잘 잘 수 있다

～(よ)うとしたところに

    * 寝ようとしたところに電話がかかってきた。
    자려고 하는데 전화가 걸려왔다

〜（よ）うとする矢先に

 * 事故は電車から降りようとする矢先に起こった。
  사고는 전철에서 <u>내릴려는 찰나에</u> 일어났다

※〜か〜ないか（のうち）に

 * 外に出るか出ないうちに雨が降りだした。
  밖에 <u>막 나가려는데</u> 비가 내리기 시작했다

※〜た　とたん（に）

 * 腰掛けたとたんに、椅子が壊れた。
  막 <u>걸터앉은 순간</u> 의자가 망가졌다

〜が早いか

 * 泥棒は警官を見るが早いか逃げ出した。
  도둑은 경찰을 <u>보기가 무섭게</u> 도망치기 시작했다

〜そばから

 * 君たちときたら、教えるそばから忘れてしまう。
  너희는 <u>가르치는 족족</u> 잊어버린다

〜なり

 * 部屋に入るなり、大声で息子を呼んだ。
  방에 <u>들어가자마자</u> 큰소리로 아들을 불렀다

〜や/〜や否や

 * 社長が退陣するや否や、後継者争いが始まった。
  사장이 <u>퇴진하자마자</u> 후계자 자리 쟁탈이 시작되었다

～た弾（はず）みに

    * 飛び降りた弾みに、足をくじいた。
    <u>뛰어 내리는 순간</u> 발을 삐었다

※～次第（しだい）

    * 主人が帰り次第、そちらに電話させます。
    남편이 <u>돌아오는대로</u> 거기로 전화하게 하겠다

※～と、決（き）まって

    * 私は家に帰ると、決まってうがいをする。
    집에 <u>돌아오자</u> 습관처럼 양치질을 했다

※～と、必（かなら）ず

    * 正月になると、必ず彼から年賀状（ねんがじょう）が来る。
    설날이 <u>되면 반드시</u> 그에게서 연하장이 온다

※～度（たび）に

    * 君は見る度に美しくなるねえ。
    너는 <u>볼 때 마다</u> 예뻐지는구나

※～につけ

    * この写真を見るにつけ、子供の頃を思い出す。
    이 사진을 <u>볼 때마다</u> 어릴 때가 생각난다

※～一方で

 * 彼は歴史を研究する一方で、小説も書いている。
  그는 역사를 <u>연구하는 한편</u> 소설도 쓰고 있다

※～ながら

 * 運転しながら携帯電話で話をするのは危ないよ。
  <u>운전하면서</u> 휴대전화로 이야기하는 것은 위험하다

 ～ながらに

 * 彼女は涙ながらに、その生い立ちを語った。
  그녀는 <u>눈물을 흘리면서</u> 성장과정을 말했다

※～つつ

 * 古い日記を読みつつ、学生時代を思い出している。
  오래된 <u>일기를 읽으면서</u> 학생시절을 생각한다

 ～がてら

 * 花見がてら、公園の露店を覗いてきた。
  꽃구경 <u>겸해서</u> 공원 노점을 기웃거렸다

 ～かたがた

 * お礼かたがた伺いました。
  고마움의 표시 <u>겸해서</u> 방문했다

※～かたわら

 * 彼は銀行勤務のかたわら、作曲もしている。
  그는 은행근무 하는 <u>한편</u> 작곡도 하고있다

※ ～ついでに

　　　　＊ 近くに来たついでに、お伺いしました。
　　　　　近처에 온 김에 찾아뵈었다

※ ～を込めて

　　　　＊ 心を込めた手づくりの品が一番喜ばれる。

　　　　　정성을 다한 수작업 작품이 제일 환영받는다

※ ～まま

　　　　＊ 腰が痛いので、座ったまま授業をします。

　　　　　허리가 아파 앉은 채로 수업을 한다

　～た　なり

　　　　＊ 倒れたなり、動かなくなった。

　　　　　쓰러지자마자 움직이지 못했다

　～っぱなし(だ/で)

　　　　＊ 息子の部屋は散らかしっぱなしで、足の踏み場もない。

　　　　　아들의 방은 너무 어질러져 발디딜틈도 없다

※ ～ことなく/～ことなしに

　　　　＊ 苦しむことなく死ねたらいいなあ。
　　　　　고통없이 죽을 수 있으면 좋겠다

　～ともなく/～ともなしに

　　　　＊ 見るともなくぼんやりと、雲を見ていた。
　　　　　별 생각 없이 멍하니 구름을 보고 있었다

※ ～からには/からは

      ＊ 私は約束したからには、必ず守る。

         나는 <u>약속한 이상</u> 반드시 지킨다

※ ～以上

      ＊ 断言した以上、その言葉に責任をとれよ。

         <u>단언한 이상</u> 그 말에 책임을 져라

※ ～限り

      ＊ 私が側にいる限り、何も心配しなくてもいい。

         내가 곁에 <u>있는 한</u> 아무런 걱정을 안해도 된다

※ ～からこそ～んだ

      ＊ 可愛いからこそ、親は子供を叱るのだ。

         <u>귀여울수록</u> 부모는 자식을 야단치는 <u>것이다</u>

 ～ばこそ～んだ

      ＊ 君の力があればこそ、この事業は成功できた。

         니가 <u>힘이 있으면</u> 이 사업은 성공할 수 있다

※ ～だけに

      ＊ 一人娘だけに、手放したくないんでしょう。

         <u>외동딸이니만큼</u> 떼어놓고 싶지 않겠죠

※ ～だけあって

    * 自慢するだけあって、なかなか料理がうまいね。

    <u>자랑했던 만큼</u> 상당히 요리가 맛있다

※ ～ことだから

    * 何せ彼のことだから、一筋縄ではいかないよ。

    어쨌든 그 <u>사람 일이니까</u> 보통 방법으로는 안된다

※ ～ものだから(もん)

    * やりたくないもんだから、色々口実をつけてる。

    하고 싶지 않기 <u>때문에</u> 여러 가지 구실을 달고 있다

～こととて

    * いくら子供がやったこととて(×ことだから)、謝って済まないこともある。

    아무리 애가 <u>했다고 해서</u> 사과로 끝나지 않는 일도 있다

～(が)故に

    * 彼女は美しすぎるが故に、男が近寄れないんだ。

    그녀는 너무 아름다운 <u>까닭에</u> 남자가 다가오지 않는다

～ではあるまいし

    * 仙人ではあるまいし(～じゃあるまいし)、露を食って生きられるか。

    선인도 <u>아닌데(아니면서)</u> 이슬을 먹고 살 수 있겠는가?

※ ～ために／～ためか

    * 人身事故のため、1号線は不通です。

    인명사고로인해 1호선은 불통입니다

※ ～おかげで／～おかげか

    * 君のおかげで、窮地を脱することができた。

    자네 덕에 어려움을 벗어날 수 있었다

※ ～せいで／～せいか

    * 気のせいか、人に見られているような気がする。

    기분 탓인가(그렇게 생각해서인지) 남이 보고있는 느낌
    이 든다

※ ～ばかりに

    * あんなもの食べたばかりに下痢をした。

    그런 것을 먹은 탓인지 설사했다

※ ～あまり

    * 痛さのあまり、気節した。

    아픈나머지 기절했다

※ ～もので

    * 急用があったもので、遅れてしまいました。

    급한일이 있어서 늦어 버렸다

～とあって

    * プロの料理人とあって、見事な包丁さばきだ。

    프로인 만큼 칼다루기가 일품이다

～につき

    * 会議中につき、お静かにお願いします。

    회의에 앞서 조용히 해줄 것을 부탁합니다

※～ために/～には

    * 医大に入る(ため)には、相当のお金がかかる。

    의대에 들어가기 위해서는 상당한 돈이 필요하다

※～ように

    * 私にもわかるように話してください。

    내가 알 수있도록 이야기해주세요

※～ないように

    * 忘れないようにメモをしておけ。

    잊지 않도록 메모해 둬라

～んがため(に)

    * 息子を有名大学に入れんがため、塾に通わせた。

    아들을 유명 대학에 넣기 위하여 학원에 보냈다

～べく

    * 将来コックになるべく、今　修行中だ。

    미래에 요리사가 되기위해 지금 공부중이다

※〜にもかかわらず

* 雨天にもかかわらず、畑仕事をしている。

우천에도 불구하고 밭일을 하고 있다

※〜くせに/〜くせして

* 子どものくせに、大人の話に口を挟む。

어린이 주제에 어른이야기에 끼어든다

※〜にしては

* 平日にしては、ずいぶん込んでいますねえ。

평일임에도 상당히 붐빈다

※〜わりに(は)

* 老人のわりには、派手な服を着ているねえ。

노인(나이)에 비해 화려한 양복을 입고있다

〜だろうに

* 君の花嫁姿を見たら、お父さんも喜んだろうに。

너의 신부(화장)모습을 보면 아버지도 기뻐할텐데...

〜(よ)うに

* 普段から勉強していれば、慌てなくても済もうに。

평소에 공부해두었으면 당황하지 않아도 될텐데

〜まい

* お金がないわけではあるまい

돈이 없는 것은 아닐 것이다

~(ば/ても)~ものを

    * もう少し注意していればよかったものを。

      좀더 주의했으면 <u>좋았을 것을</u>..

19. 조건

※~さえ~ば

    * 君さえよければ、僕はいいよ。

      <u>너만 좋으면</u> 나는 좋다

※~てはじめて

    * 病気をして初めて、健康のありがたさを知った。

      <u>아프고나서 처음으로</u> 건강의 고마움을 알았다

※~てこそ

    * 自ら経験してこそ、人の痛みも分かるようになる。

      <u>스스로 경험해봐야</u> 남의 고통도 알게된다

~あっての

    * 努力あっての成功だよ。

      노력이 <u>있어야만</u> 성공한다

※~としたら/~とすれば

    * できるとすれば、彼だけだ。

      <u>가능한 것은</u> 그 사람 뿐이다

※ ～てみると/～てみたら

    * 起きてみると、外は一面雪景色だった。

      일어나보니 밖은 온통 은세계였다

※ ～ものなら～たい

    * 行けるものなら、一度モンゴルに行ってみたい。

      갈수있다면 한번 몽고에 가보고 싶다

  ～(よ)うものなら

    * そんなこと言おうものなら、即刻首だよ。

      그런것을 말할라치면(말이라도 하는날이면) 당장
      해고다

  ～とあれば

    * あなたのためとあれば、たとえ火の中水の中。

      당신을 위해서라면 물불을 안가리겠다

  ～くらいなら

    * あの男と結婚するぐらいなら、むしろ死んだ方がまし
    よ。

      그 남자와 결혼할 것 같으면 차라리 죽는게 낫다

  ～ては

    * そんなに叱っては、この子がかわいそうよ。

      그렇게 야단쳐서야(되겠오의 기분) 애가 불쌍하잖소

※ ～ない限り

    * この問題が解けない限り、帰宅は許さない 。

      이 문제가 해결되지 않는 한 귀가는 못한다

※～てからでないと

  * この件は、上司の意向を聞いてからでないと、決められ
ません。

  이 건은 상사의 의견을 <u>묻지않고는</u> 해결되지 않는다

※～ないことには～ない

  * 見ないことには、本物かどうかはわからない。

  <u>보지 않고는</u> 진짜인지 어떤지 모른다

 ～なくしては～ない

  * 野心なくして、男と言えるか!

  <u>야심없는</u> 사람을 남자라고 할 수있을까!

 ～なしには～ない

  * あなたなしには、僕は生きていけません。

  <u>너없이</u> 나는 살아갈 수 <u>없다</u>

※たとえ(～たとい)～ても

  * たとえ殺されても、この秘密は守る。

  <u>비록 살해되더라도</u> 이 비밀은 지킨다

※いくら～ても

  * いくらがんばっても彼には勝てない。

  <u>아무리 노력해도</u> 그에게는 이길 수 없다

※～たって/～だって

  * 話さなくたっていい。いずれ分かるから。

  <u>말 안해도</u> 된다. 언젠가는 알게되니까

※～からと言って～ない

    * ボーナスが入ったからって、無駄遣いをするな。

  <口語:からって>

    보너스가 <u>들어 왔다고해서</u> 낭비는 하지마

※～としても/～としたって

    * 急いだとしても、仕上がりは明日になります。

    <u>서두른다해도</u> 완성은 내일이다

※～にしても/～にしたって

    * 高級料理店にしても、ちょっと高すぎますね。

  <기정사실>

    고급요리점<u>이긴 해도</u> 너무비싸네요

    * 買えるにしても、中古マンションがやっとだ。

  <가정사실>

    <u>살 수있다고 해봐야</u> 중고 맨션이 고작이다

※～にしろ/～にせよ

    * 別れるにせよ、手切れ金はもらうわよ。

    <u>헤어지더라도</u> 위자료는 받을거야

 ～た　ところで～ない

    * 今更悔やんだところではじまらないよ。

    이제와서 <u>후회해 봤자</u> 원상태는 돌아가지 않는다

 ～(よ)うが/～(よ)うと

    * 誰と結婚しようと、あなたに関係ないわ。

    <u>누구와 결혼하든</u> 당신은 관계없다

～まいが／～まいと

* 君が賛成すまいが、僕は僕のやり方でやる。

  니가 찬성하든 말든 나는 나의 방식대로 한다

～であれ

* 誰であれ、命の惜しくない奴はいないさ。

  누구라도 목숨이 아깝지 않은 사람은 없잖아?

～であろうと

* たとえ校長であろうと、校則には従わなければならない。

  비록 교장이더라도 교칙은 따르지 않으면 안된다

～と言えども

* 虫一匹と言えども、命を持っているんだぞ。

  벌레 한마리라 할지라도 생명은 갖고 있다

20. 전문・회상・기타

※～とか

* もう彼は国に帰ったとか。

  벌써 그는 고국으로 갔다던가(어쨌다든가)

～(んだ)って

* この前ここで、交通事故があったんだって。

  요전에 여기서 교통사고가 있었대

166

〜だっけ／〜だったっけ／〜たっけ

* いつだっけ／なんと言ったっけ。

언제 였더라 / 뭐라 했지

※〜にかわって／〜にかわり

* 所長にかわって、私が事情を説明します。

소장을 대신하여 제가 사정을 설명하겠습니다

※〜かわり(に)

* お前のかわりは何人でもいるんだ。

너 대신이라면 몇 명이고 있다

※〜とおり(に)

* 噂のとおり、上海の変わりようはすさまじい。

소문대로 상해의 변모는 굉장하다

※〜どおり(に)

* 前宣伝どおり、この映画はなかなかの傑作だ。

전에 선전대로 이 영화는 상당한 걸작이다

※〜向き(だ/に/の)

* もっと夢のある子供向きの漫画はないの?

좀더 꿈 있는 어린이 대상 만화는 없나요?

※〜向け(だ/に/の)

    * 最近の子供向けの漫画は、性描写がどぎつい。

    최근 <u>어린이 대상</u> 만화는 성묘사가 지나치다

〜なり

    * この子にはこの子なりの生き方がある。

    이 애는 <u>애 나름의</u> 살아가는 방법이 있다

〜よう

    * こうなってはもうどうしようもない。

    이렇게 된 이상 이제 <u>어찌할 도리가 없다</u>

≪2≫ 문말(文末)에서 조동사 역할하는 기능어

1. 의지 · 희망 · 결의

※〜(よ)う思う

    * もうすぐ出かけようと思う。

    이제 곧 <u>나가려고 한다</u>

※〜(よ)うとする

    * 出かけようとしたら、電話がかかってきた。

    <u>나가려고하니</u> 전화가 걸려왔다

～まいと思う

* あんな奴とは、二度と口をきくまいと思う。

　저런 녀석과는 두 번 다시 대화 <u>안하려고 한다</u>

～まいとする

* 涙を見られまいとして、顔を背けた。

　눈물을 보이지 <u>않으려고</u> 얼굴을 돌렸다

※ ～たいものだ

* 是非一度、お会いしたいものだ。

　꼭 한번 만나<u>보고 싶은 것이다</u>

※ ～といいなあ

* お正月が早く来るといいなあ。

　설날이 빨리 <u>오면 좋은데</u>...

※ ～たらいいなあ

* お正月が早く来たらいいなあ。

　설날이 빨리 <u>오면 좋을텐데</u>

※ ～ないかなあ

* お正月が早く来ないかなあ。

　설날이 <u>빨리 안오나</u>

※ ～てみせる

* 必ず成功してみせる。

　반드시 성공해 <u>보여준다</u>

〜ずに(〜ないで)はおかない

    * いつの日か、彼を倒さずにはおかない。

  언제가 그를 <u>쓰러뜨리고 말겠다</u>

2. 의무・필요

※〜なくてはならない

    * 用事があって、帰らなければならない。

  업무가 있어서 <u>돌아가야한다</u>

※〜べきだ

    * 国は国民の老後の生活を保障すべきだ

  국가는 국민의 노후 생활을 <u>보장해야한다</u>

〜ねばならない(〜ねばならぬ)

    * 行かねばならぬ、止めないでくれ。

  가지 <u>않으면 안된다</u> 멈추지말아줘

※〜なくてはいけない

    * これは君の責任で処理しなくてはいけない。

  이것은 너의 책임으로 <u>처리하지않으면 안된다</u>

〜なければ(〜なくては)駄目だ

    * もっと勉強しなくては駄目よ。

  좀더 공부 <u>안하면 안돼요</u>

※ ～なくてもいい

    * そんなに急がなくてもいいよ。

      그렇게 서둘지 <u>않아도 좋다</u>

※ ～ことはない

    * そんなに怒ることはないじゃないか。

      그렇게 화낼 <u>필요는 없잖는가</u>

 ～までもない

    * 人が一人では生きられないのは言うまでもない。

      인간이 혼자서 살아갈 수 없는 것은 <u>말할 필요도 없다</u>

 ～には及ばない

    * 君がやるには及ばない。

      니가 하기에는 <u>역부족이다</u>

 ～なくとも(～ずとも)いい

    * やりたくなければやらずともいい。

      <u>하고 싶지 않으면 안해도 된다</u>

※ ～てはならない

    * どんことがあっても、驚いてはならないよ。

      어떤일이 있어도 <u>놀라서는 안돼요</u>

※ ～べきではない

    ＊ 目上の人に「あなた」は使うべきではない。

      윗사람에게 "당신"이란 말은 <u>사용하는게 아니다</u>

※ ～ものではない

    ＊ 知らないのに、知ったふりをするものではない。

    모르면서 <u>아는척 하는게 아니다</u>

～べからず(→べからざるN)

    ＊ 芝生に立ち入るべからず。

    잔디밭에 <u>들어가지 말 것</u>

～まじ(→～あるまじきN)

    ＊ ああ、許すまじ、原爆を。

    <u>아아 용서할 수 없다 원폭을</u>

4. 의뢰 · 제안 · 권고

※ ～ていただけませんか

    ＊ 先生、この問題を教えていただけませんか。

    선생님, 이 문제를 <u>가르쳐주시지않겠습니까?</u>

※ ～てくださいませんか

    ＊ たばこは遠慮してくださいませんか。

    담배는 <u>삼가해주시지 않겠습니까?</u>

※～て/～てくれ

    * みんな集まって。/ みんな集まってくれ。

    모두 <u>모여라</u> / 모두 <u>모여줘</u>

※～(さ)せてください

    * 是非、私にやらせてください。

    꼭 제게 <u>시켜주세요</u>

お～願います

    * みなさん、お急ぎ願います。

    여러분 <u>서둘러주세요</u>

～て頂戴（ちょうだい）

    * 静かにして頂戴。

    <u>조용히해줘</u>

～たまえ

    * 座りたまえ。

    <u>앉게</u>

※～たらどう(～いかが)ですか

    * 先生に相談したらどうですか。

    선생님에게 <u>의논하면 어때요?</u>

※～(よ)うじゃないか

    * おい、みんなで彼に協力しようじゃないか。

    이봐, 모두 그에게 <u>협력해야하지 않을까</u>

※〜方がましだ

　　　＊貯金はないよりはあった方がましだ。

　　　저금은 없는 것보다 있는게 낫다

※〜ばいい/〜といい

　　　＊嫌なら嫌だと言えばいい。

　　　싫으면 싫다고 말하면 된다

※〜ことだ

　　　＊わからなければ、自分で辞書をひくことだ。

　　　모르면 자기가 사전을 찾아 볼 일이다

　〜に越したことはない

　　　＊借金しないに越したことはない。

　　　돈 안빌리는 일만큼 좋은 일은 없다

　〜がいい

　　　＊好きなようにやるがいい。

　　　하고 싶은 대로 하는게 좋다

5. 허가・허용

※ ～ても(～たって)いい

    * 思ったことを自由に言ったっていいんだよ。

    생각한 것을 자유롭게 <u>말해도 좋아요</u>

～ても(～たって)かまわない

    * ここはタバコを吸ったってかまわない所です。

    여기는 담배를 피워도 <u>상관없는 곳입니다</u>

～ても(～たって)さしつかえない

    * あげたのだから、どう使ってもさしつかえない。

    준 것이니까 어떻게 사용해도 <u>지장이 없다</u>

～ても(～たって)結構だ

    * わかってくれなくても結構です。

    몰라줘도 <u>괜찮다</u>

～なくとも(～なくても)よい

    * 君がしなくともよいことだ。

    네가 <u>안해도 좋다(좋은 것이다)</u>

6. 불가능

※ ～兼ねる

    * 僕の口からは、ちょっと言い兼ねることだ。

    나로서는 좀 말하기 <u>어려운 일이다</u>

※～わけにはいかない

    ＊ この件は君に話すわけにはいかないんだ。

    이 건은 너에게 <u>말하지 않을 수 없다</u>

※～(よ)うにも～できない

    ＊ 疲れていて、起きようにも起きられなかった。

    피곤해서 일어날래도 <u>일어날 수 없었다</u>

(～する)に～できない

    ＊ みんな残業しているので、帰るに帰れない。

    모두 잔업하고 있으니까 돌아갈래도 갈 수 없다

7. 추량·실현 가능성

※～兼ねない

    ＊ 彼ならやり兼ねないことだ。

    그 사람이라면 <u>할 수있을지도 모른다</u>

※～恐れがある

    ＊ 明日は雨になる恐れがある。

    내일은 비가 올 <u>우려가 있다</u>

※～ないとも限らない

    * 彼の口から、機密が漏れないとも限らない。

    그의 입에서 기밀이 <u>새지 않는다고 말할 수 없다</u>

 ～かもわからない

    * 彼ならやれるかもわからない。

    그라면 할 수 <u>있을지도모른다</u>

※～得る

    * それはあり得ることだ。

    그것은 <u>있을 수 있는 일이다</u>

※～はずだ/～ないはずだ

    * 彼はまだ知らないはずだ。

    그는 <u>모를 것이다</u>

 ～に決まっている

    * 彼は反対するに決まっています。

    그는 <u>반대하게 되어있다</u>

※～のだろう

    * きっと寂しかったのでしょうね。

    틀림없이 <u>적적했을 것 이예요</u>

※～かしら/～かなあ

    * あそこを歩いているのは、山田さんじゃないかしら。

    저기를 걷고 있는 것은 <u>야마다씨 아닐까?</u>

※ ～んじゃない(?/の?/か)

    * 彼は事実を隠しているんじゃないの?

    그는 사실을 <u>감추고 있는게 아냐</u>?

※ ～(よ)う

    * 約束したのだから、きっと彼は来よう。

    약속했으니까 틀림없이 <u>그는 올 것이다</u>

※ ～まい

    * こんなに遅いし、もう彼は来まい。

    이렇게 늦었는데 이제 <u>안올 것이다</u>

  ～かろう

    * さぞ寒かろう。

    <u>아마 춥겠지</u>

  ～なかろう

    * そんなに高くなかろう。

    그렇게 비싸지 않을 것이다

※ ～得ない

    * いいや、そんなことは絶対あり得ない。

    아니, 그런 일은 <u>절대 있을 수 없다</u>

※ ～はずがない

    * 君が知らないはずがない。

    자네가 <u>모를일이 없다</u>

※ ～わけがない

    ＊ 彼が賛成するわけがない。

     그가 <u>찬성할리가 없다</u>

※ ～っこない

    ＊ 誰にも知られっこない。

     아무에게도 <u>알렸을 리 없다</u>

  ～(よ)うはずがない

    ＊ 今から行っても、間に合おうはずがない。

     지금부터 가더라도 <u>시간에 댈 리가 없다</u>

※ ～とみえる(→～とみえて)

    ＊ よほど生活に困っていると見える。

     상당히 생활에 <u>곤란한 것 같다</u>

※ ～かのようだ

    ＊ まるで夢を見ているかのようだ。

     마치 꿈을 꾸고 <u>있는 것 같다</u>

  見るからに～そうだ

    ＊ 見るからにおいしそうなケーキだなあ。

     <u>보기에</u> 맛있어 보이는 케익이다

  ～如し／～如き／～如く

    ＊ 赤子が母を慕うごとく。

     갓난아이가 어머니를 <u>그리듯이</u>...

8. 확신・단정

※ ~に違いない

* それは嘘に違いない。

그것은 거짓임에 틀림없다

※ ~に相違ない

* 犯人はあの男に相違ない。

범인은 그 남자임에 틀림없다

※ ~に他ならない

* 天国・地獄とは空想の産物に他ならない。

천국, 지옥이란 공상의 산물임에 지나지 않는다

9. 완곡・부분 부정

※ ~わけではない

* 納豆は食べられないわけではないんですが。

낫또는 못먹는다는 것이 아니지만...

※ ～とは限らない

    * 何でもお金で解決できるとは限らない。

      뭐든지 돈으로 해결 <u>된다고는 할 수 없다</u>

※ ～とは言えない

    * 素人だからと言って、実力がないとは言えないよ。

      초보자라고해서 실력이 <u>없다고는 못한다</u>

※ ～ないこともない

    * それが欲しくないこともないですが…

      그것이 갖고싶지 <u>않다는 것은 아니지만</u>

  ～ないものでもない

    * 修理できないものでもないんですが…

      수리 <u>못하는 것도 아니지만</u>…

10. 당연・필연・자연

※ ～ことになる/～こととなる

    * こつこつ努力を続ける者が、結局、成功を収めること
になる。

      열심히 노력을 계속하는 자가 결국 성공을 <u>차지하게</u>
<u>된다</u>

※ ～なければ(～なくては)ならない

    * 何をやるにしても、先ず健康でなくてはならない。

    무엇을 하건 우선 건강하지않으면 안된다

※ ～わけだ

    * 彼女は帰国子女だったの?英語が上手なわけだね。

    그 애는 귀국자녀였나? 영어를 잘하네

※ ～ものだ

    * 人の心は変わるものだ。

    사람의 마음은 변하는 것이다 (법이다)

※ ～ものではない

    * 自分ができないことを、人にやれと言うものではない。

    자기가 할 수 없는 것을 남에게 하라고 하는 게
    아니다

※ ～に決まっている

    * 星が出ているから、明日は晴れるに決まっている。

    별이 떴으니까 내일은 맑게 되어있다.

  ～に至る

    * 両国は軍事衝突するに至った。

    두 나라는 군사충돌에 이르렀다

※〜よりほかしかたがない

    ＊ こうなっては彼に頼むほか仕方がないね。

      이런생황에서 그에게 부탁하는 수 밖에 없다

※〜ざるを得ない

    ＊ 誰もしないなら、僕がせざるを得ない。

      아무도 안하니까 내가 하는 수 밖에 없다

 〜ずには(〜ないでは)済まない

    ＊ 壊した以上、弁償せずには済まないよ。

      망가트린 이상 변상하지 않고는 끝나지 않는다

 〜を余儀なくされる

    ＊ リストラで退職を余儀なくされた。

      구조조정으로 퇴직을 하지 않을 수 없다

 〜を余儀なくさせた

    ＊ 我が軍は、敵軍の撤退を余儀なくさせた。

      우리 군은 적군을 철수하게 했다

※〜られる

    ＊ 昔のことが思い出される。

      옛일이 생각난다

※ ～ずには（～ないでは）いられない

    * これが怒らずにいられましょうか。

      이것이 화내지 <u>않고 있을 수 있는</u> 일인가?

※ ～てならない

    * もっと勉強しておくべきだったと、悔やまれてならない。

      좀 더 공부해두어야 할 것을 <u>후회스러워 죽겠다</u>

  ～ずには（～ないでは）おかない

    * 人を感動させずにはおかない映画だった。

      남을 <u>감동 시키지 않고는 못배기는</u> 영화였다

  ～を禁じ得ない

    * 涙を禁じ得ない。

      <u>눈물을 금할 수 없다</u>

※ ～てしまった／～させてしまった

    * 花に水をやるのを忘れて、枯らせてしまった。

      꽃에 물 주는 것을 잊어 <u>말라죽고 말았다</u>

※ ～ばよかった

    * もっと勉強しておけばよかった。しかし…

      좀 더 공부해 <u>두면 좋았다</u>. 그러나…

  ～つもりだった ／ ではなかった

    * 君を怒らせるつもりではなかった。しかし…

      너를 화나게 <u>할 생각은 아니었다</u>. 그러나…

～べきだった

   * もっと事前に現地の状況をよく調べておくべきだった。

   しかし...

     좀더 사전에 현지 상황을 잘 <u>조사해둘 일이었다</u> 그러
나...

   * 君はあんなことを言うべきではなかったんだよ。

   しかし...

     너는 그 일을 <u>말하는게 아니었다</u> 그러나..

～はずだった

   * 彼が行くはずだったが、急病になってね。悪いが君
が行ってくれ。

     그가 <u>갈 예정이었으나</u> 병이 났다. 안됐지만 자네가 가줘

※～どころではない

   * 目前に入試が迫っているのに、旅行どころではないよ。

     눈앞에 입시가 다가오는데에 여행갈 <u>계제가 아니다</u>

～とは思ってもみなかった

   * この試験がこんなに難しいとは思っても見なかった。

     이 시험이 이렇게 어려울 <u>줄은 생각도 안해봤다</u>

※ ～しかない

    * やって駄目なら、あきらめるしかない。

    해서 안되면 포기하는 <u>수 밖에 없다</u>

※ (～より)ほかない

    * 行政改革をするよりほか活路はない。

    행정개혁을 하는 수 밖에 <u>활로는 없다</u>

※ ～に過ぎない

    * 人間は大自然のほんの一部に過ぎない。

    인간은 대자연의 극히 일부<u>에 지나지 않는다</u>

ただ～のみだ(～だけだ)

    * ただ前進あるのみだ。

    <u>단지 전진할 뿐이다</u>

～でなくてなんだろう

    * これこそ事実でなくてなんだろう。

    이것이야말로 사실이 <u>아니고 무엇이랴</u>

～に他ならない

    * 君の意見は単なる理想論に他ならない。

    그의 의견은 단순한 이상론에 <u>지나지 않는다</u>

    (다름아니다)

~ばそれまでだ

   * わずかなミスでもあればそれまでだ。

    사소한 실수라도 있으면 <u>그것으로 끝이다</u>

~までだ/~までのことだ

   * 当然のことをしたまでです(~までのことです)。

    당연한 일을 <u>했을 뿐이다</u>

~に限る

   * このビデオの貸し出しは18歳以上の方に限ります。

    이 비디오 대출은 18세 <u>이상으로 한정한다</u>

12. 전문・인용

※~そうだ

   * 新聞によると、また株が暴落するそうだ。

    신문에 의하면 또 주식이 <u>폭락한다고 한다</u>

※~とのことだ

   * 山田の就職先が決まったとのことだ。

    유군의 취직처가 <u>정해졌다는 것이다</u>

※ 〜ということだ

* 近々 内閣改造が行われるということだ。

　가까운 시일　내 내각개혁이 <u>행해진다는 것이다</u>

　〜んだって

* 彼、今度、マンションを買うんだって。
　그는 이번에 맨션을 <u>샀다더라</u>

13. 난이도

※ 〜にくい

* 靴が小さくて歩くにくい。
　구두가 작아서 <u>걷기 힘들다</u>

※ 〜がたい

* その話、僕には信じがたいなあ。
　그 이야기 내게는 <u>믿기어렵구나</u>

　〜づらい

* 足にまめができて、歩き辛い。
　발에 티눈이 배겨 걷기 괴롭다

※ 〜やすい

* 靴が軽くて歩きやすい。
　구두가 가벼워서 <u>걷기 쉽다</u>

～いい／～よい

    * このボールペン、とても書きいいよ。

      이 볼펜 아주 <u>쓰기 좋다</u>

～に難くない

    * 子を失った親の悲しみは、察するに難くない。

      애를 잃은 부모의 슬픔은 헤아리기 <u>어렵지 않다</u>

14. 의문제시・반어

※～ものか／～ものですか

    * お前なんかに俺の気持ちがわかるものか。

      너 따위가 나의 마음을 <u>알겠느냐(모른다)</u>

※～だろうか

    * 果たしてそんな話を信じていいものだろうか。

      과연 그런 이야기를 <u>믿어도 될까보냐?</u> (못믿겠다)

～かい／～のかい

    * それで参加したくないと言うわけかい?

      그래서 참가하고 싶지 않다는 <u>변명인가?</u>

～だい／～んだい

    * 君たち、いつ結婚式の予定だい?

      너희들 언제 결혼식 할 <u>예정이니?</u>

※ ～っぽい

* あの課長は怒りっぽくて困るよ。

    그 과장은 화를 잘 내 곤란하다

※ ～一方だ

* 薬を飲んだが、痛みは増す一方だ。

    약을 먹었지만 통증은 늘기만 한다

※ ～ばかりだ

* これからは寒くなるばかりですね。

    앞으로는 추워질 뿐이다

※ ～がちだ

* 良くないことは重なりがちだ。

    좋지 않은 일은 자꾸 겹치는 경향이 있다(겹치기 쉽다)

～嫌いがある

* この消費社会は物を使い捨てに嫌うがある。

    이 소비사회는 물건을 써버리게 하는 경향이 있다

※ ～らしい

* 男らしい態度に　敬服した。

    남자다운 태도에 탄복했다

※ ～気味(だ/の)

   * 今日は風邪気味だから、早く帰らせてもらうよ。

   오늘은 <u>감기기운</u> 이므로 빨리 가고 싶다

※ ～げ(だ/な)

   * 今日の部長、どこか悲しげだわ。

   오늘 부장님 어딘가 <u>쓸쓸해보이네</u>

※ ～がる/～がっている

   * 彼はとてもあなたに会いたがっていましたよ。

   그는 아주 당신을 <u>만나고 싶어했어요</u>

 ～めく

   * だんだん春めいてきましたね。

   점점 <u>봄다워졌습니다</u>

 ～ぶる

   * 聖人君子ぶる奴は大嫌いだ。

   성인군자 <u>행세의</u> 녀석을 아주 싫어한다

 ～びる

   * 森の中に古びた洋館が建っていた。

   숲속에 <u>낡은</u> 서양건물이 서있있다

※ ～だらけ(だ/の)

   * なんだ、この作文、間違いだらけじゃないか。

   뭐야, 이 작문 미스 <u>투성이잖아</u>

 ～まみれ(だ/の)

   * 土まみれになって働く農夫の姿は美しい

   <u>흙투성이</u>가 되어 일하는 농부의 모습이 아름답다

～ずくめ(だ/の)

     * 今年は嫌なことずくめでした。

      올해는 <u>안좋은 일 투성</u>이였다

16. 동작의 진행 단계·상태

※～するところだ

     * これから書くところだ。

      지금부터 <u>쓸 참</u>이다

※～するばかりになっている

     * ご飯は炊くばかりになっています。

      밥은 <u>지을 준비가 되어있</u>다

※～(よ)うとする

     * 私が発言しようとしたら、司会から止められた。

      내가 <u>발언하려했더니</u> 사회가 말렸다

※～(よ)うとしている

     * 朝日が正に昇ろうとしていた。

      아침 해가 <u>막 떠오르려고 했</u>다

※〜するところだった

   * もう少しで車にはねられるところだった。

    자칫 차에 <u>치일뻔 했다</u>

※〜かけ(だ/のN)

   * 書きかけの手紙が、机の上に置いてあった。

    <u>쓰던 편지가</u> 책상위에 놓여있었다

※〜かける

   * 階段から落ちかけた。

    계단에서 <u>떨어졌다</u>

 〜そうになった

   * ああ、危ない。階段から落ちそうになった。

    아, 위험, 계단에서 <u>떨어질 뻔했다</u>

 〜んばかりだ(≒そうだ)

   * 今にも雨が降り出さんばかりだ。

    지금이라도 비가 <u>쏟아 질 것 같다</u>

※〜ているところだ

   * 今、書いているところだ

    지금 <u>쓰고 있는 중이다</u>

※〜最中だ

   * 今、食事の最中だ。

    지금 <u>한참 식사 중이다</u>

※ 〜中だ

  * 今、食事中だ。
  지금 식사 중이다

※ 〜つつある

  * パソコンは日に日に普及しつつある。
  컴퓨터는 나날이 보급되어 가고 있다

※ 〜かけだ/〜かける

  * 言いかけて途中で話をやめるなよ。
  말하는 도중에 이야기를 끊지 마

※ 〜た ところだ

  * たった今、書いたところだ。
  방금 다 썼다

※ 〜た ばかりだ

  * 今、ご飯が炊けたばかりです。
  지금 방금 밥이 다 되었다

※ 〜きる/〜きれる

  * 持ち金を使いきる。/疲れ切った。
  갖고있던 돈을 다 썼다 / 너무 지쳤다

※ 〜きれない

  * こんなにたくさんの単語は覚え切れません。
  이렇게 많은 단어는 다 외울 수 없다

※ ～抜く

    * 何があっても、お前だけは生き抜くんだ。

      무슨일이 있어도 너 만큼은 <u>꿋꿋이 살아갈 것이다</u>

 ～尽くす

    * 貯金を全部を使い尽くした。
      저금을 전부 <u>써 버렸다</u>

※ ～ておく

    * 明日のパーティがあるのでワインを買っておく。
      내일 파티가 있기 때문에 와인을 <u>사둔다</u>

※ ～てある

    * 明日のパーティがあるのでワインを買ってある。
      내일 파티가 있으니까 와인을 <u>사놓았다</u>

※ ～ていく

    * 髪の毛が抜けていく。
      머리털이 <u>빠져간다</u>(빠져가는 상태)

※ ～てくる

    * 髪の毛が生えてくる。

      머리털이 <u>자라난다</u>(자라 오는 상태)

※ ～ままだ

    * 事故復帰が遅れ、電柱も倒れたままだ。

      사고복귀가 늦어져 전주도 <u>쓰러진 상태다</u>

※〜きりだ

　　　　＊ ああ、お腹が空いた。朝食べたきりなんですよ。

　　　　아 배고프다. 아침만 <u>먹은 상태다</u>

　〜出す

　　　　＊ 雷が鳴りだした。

　　　　번개가 <u>치기 시작했다</u>

　〜やむ

　　　　＊ 雷が鳴りやんだ。

　　　　번개가 그쳤다

17. 감탄・감동

※〜ものだ(もん)

　　　　＊ 月日の経つのは早いもんだねえ。

　　　　세월이 가는 것은 <u>빠른 것이다</u>

※〜ことか/〜ことだろう

　　　　＊ なんと立派に成長したことでしょう。

　　　　참으로 훌륭히 <u>성장했군요</u>

※(〜には)〜ものがある

　　　　＊ 大自然の生命力には許り知れないものがある。

　　　　대자연의 생명력에는 <u>헤아릴 수 없는 것이 있다</u>

196

※ ～てしようがない

    ＊ 寂しくてしょうがないとき、僕は日記を書く。
      <u>적적해 죽겠을 때</u> 나는 일기를 쓴다

※ ～てしかたがない

    ＊ 就職が決まったので、嬉しくて仕方がない。
      취직이 정해져서 <u>기뻐 죽겠다</u>

※ ～てたまらない

    ＊ こんな結果になって、残念でたまりません。
      이런 결과가 되어 <u>유감스럽다</u>

※ ～てならない

    ＊ 最近、身体が疲れてならない。
      요즈음 몸이 <u>피곤해 죽겠다</u>

※ ～きる

    ＊ 彼のわがままには困りきったよ。
      그 사람 고집은 <u>너무 힘들다</u>

※ ～抜く

    ＊ 彼女は子どものことで苦しみ抜いた。
      그 여자는 자식일로 <u>고통에서 벗어났다</u>

～極まる

* かつて王族は贅沢極まりない生活をしていた。

　일찌기 왕족은 <u>화려하기 짝이 없는</u> 생활을 하고 있었다

～極まりない

* なんと汚い部屋だ。不潔極まりない。

　너무 더러운 방이다. <u>불결하기 짝이 없다</u>

～の極みだ

* 念願の全国大会に出場が決まって、感激の極みだ。

　염원하던 전국대회에 출전이 정해져 <u>너무너무 감격스럽</u>
　다

～の至りだ

* このような賞をいただき、光栄の至りです。

　이와 같은 상을 받아 <u>너무너무 영광이다</u>

～といったらありゃしない

* ばかばかしいったらありゃしない。

　바보스러움 <u>말해 무엇 하랴</u>(말로 다 못한다)

～てやまない

* これが君が信じてやまない教祖の真の姿だ。

　이것이 자네가 <u>믿어마지 않는</u> 교조의 참 모습이다

～限りだ

* 別荘を持っているなんて、羨ましい限りだ

　별장을 가지고 있다니 <u>부러울 뿐이다</u>

※ ～だけ(のことは)ある

     * 見事な絵だ!さすが国宝（こくほう）だけのことはある。

     멋진 그림이다. 과연 <u>국보 삼을 만</u> 하다

～に足（た）りる

     * 読むに足るすばらしい小説ですよ。
     <u>읽을 만한</u> 근사한 소설이다

～に堪（た）える

     * その絵は鑑賞（かんしょう）に堪える絶品（ぜっぴん）でした。

     그 그림은 감상에 <u>가치있는</u> 명품(절품)이었다

～にはあたらない

     * そんなことで、子どもを叱（しか）るには当たらない。

     그런일로　어린이를 야단친다는 것은 <u>온당치 않다</u>

～ほどのことではない

     * 君が心配するほどのことではないよ。
     자네가 <u>걱정할만큼의</u> 일은 아니다

～に足（た）りない

     * 読むに足りないつまらない小説でした。
     읽기 <u>적당치 않은</u> 시시한 소설이었다

～に堪（た）えない

     * こんな絵はとても鑑賞（かんしょう）に堪（た）えるものではない。

     이런 그림은　감상에 <u>적당치 않다</u>

～かそこらだ

     * 5万円かそこらで買える品だよ。
     5만엔 <u>인가로</u> 살 수있는 물건이다

～からする

* こんなわずかで5万円からするんですよ。
이런 사소한게 <u>5만엔이나</u> 하네

～からある

* 5キログラムからある魚を釣り上げた。
5키로 그램<u>이나 되는</u> 물고기를 낚아 올렸다

～足らず(だ/の)

* 卒業まで、後、10日足らずだ。
졸업까지 앞으로 <u>10일 채 안남았다</u>

～余りり(だ/の)

* 卒業まで、後、10日余りだ。
졸업까지 앞으로 <u>10여일 남았다</u>

19. 이유・사정・정황 설명

※(～のは)～からだ

* 昨日休んだのは、急用があったからだ。
어제 쉰 것은 급한 용무가 <u>있었기 때문이다</u>

※(～のは)～ためだ

* 休校になったのは、インフルエンザのためだ。
휴교가 된 것은 <u>독감 때문이다</u>

※(～のは)～おかげだ/～せいだ

     ＊ 合格できたのは先生のおかげだ。

       합격할 수 있었던 것은 <u>선생님 덕택이다</u>

※(だって)～んだもの

     ＊ だって、学校の勉強なんてつまらないんだもの。

       학교 공부 따위 <u>재미없는걸 뭐</u>

※(～という)ことになる

     ＊ それで、中止と言うことになりました。

       그래서 중지 <u>된 것입니다</u>

※(～という)わけだ

     ＊ つまり、やりたくないと言うわけだね。

       <u>그러니까</u> 하고 싶지 않다는 <u>것이네요</u>

※(～という)次第だ

     ＊ 以上述べたような次第です。

       이상 말씀드린 바와 같은 <u>상황입니다(입장)</u>

  (～という)始末だ

     ＊ 最後には泣き言まで言い出す始末だ。

       마지막에는 우는 소리까지 <u>나올 판이다</u>(형국이다)

※ ～たことがある

　　　　　* 見たことも聞いたこともないよ。
　　　　　본적도 들은 <u>적도 없다</u>

※ (～する)ことがある

　　　　　* 今も時々あの店に行くことがある。
　　　　　지금도 때때로 그 가게에 가는 <u>경우가 있다</u>

※ ～た ものだ (もんだ)

　　　　　* 昔は君とよく釣りに出かけたもんだね。
　　　　　옛날은 자네랑 자주 낚시하러 가곤했다

～ことに(～ことと)なっている

　　　　　* 面接試験は、午後行われることになっている。
　　　　　면접시험은 오후에 <u>하기로 되어있다</u>

～ことにしている

　　　　　* 私は毎朝、6時に起きることにしている。
　　　　　나는 매일 아침 6시에 <u>일어나기로 했다</u>

저자 이윤옥

· 한국외국어대학교 일본어과 졸업
· 한국외국어대학교 교육대학원 일본어교육과 졸업
· 한국외국어대학교 대학원 박사과정 수료
· 일본 와세다대학 객원연구원
· 경희대, 명지대, 외대 강사
· 현) 명지전문대학 일본어과 초빙교수
　　　한국외대 연수평가원 교수

일본어 보케브러리 Ⅰ

초판인쇄 2007년 2월 14일
초판발행 2007년 2월 26일

저자· 이윤옥
발행· 제이앤씨
등록· 제7 220호
전화· (02)992-3253
팩스· (02)991-1285
e-mail· jncbook@hanmail.net
http://www.jncbook.co.kr

132-040 서울시 도봉구 창동 624-1 북한산 현대홈시티 102-1206

ISBN 978-89-5668-478-9 03730　　　정가 10,000원